Easy Dialogues
in
Modern Greek

Written by Maria Karra

Published by FRESNEL PRESS
12781 Orange Grove Blvd
West Palm Beach, FL 33411

Copyright © 2024 FRESNEL PRESS

All rights reserved, including the right of reproduction
in whole or in part in any form.

Printed in the United States of America

Table of Contents

About the book and the author 1

List of abbreviations 3

1. Πηγαίνω στην αγορά - I'm going to the market 4

2. Πού είναι η Πάτρα; – Where is Patra? 12

3. Πού είναι τα ρούχα μου; – Where are my clothes? 20

4. Ώρα για ύπνο! – Time for bed! 30

5. Το λεωφορείο – The bus 42

6. Πάμε μια βόλτα – Let's go for a walk 52

7. Πεινάω! – I'm hungry! 64

8. Διακοπές – Vacation 76

9. Το διάβασμα – Reading 88

10. Το άλογο – The horse 98

11. Στην καφετέρια – At the coffee shop 110

12. Γενέθλια – Birthday 122

13. Στομαχόπονος – Stomachache 134

14. Κουνούπια – Mosquitoes 146

15. Πάμε κρουαζιέρα – Let's go on a cruise 156

About the book and the author

This book has been designed for beginner-level learners of Modern Greek. It can be used for self-study or in a classroom and is ideal for levels A1-A2. It is written in everyday language that is actually used in Greece. The dialogues are mainly written in the present tense; as we progress in the book, past and future tenses are introduced for some basic verbs. The most important words are explained in the Vocabulary section and the most common verbs are conjugated in the Grammar section. The exercises are meant to help students practice their skills using the words and grammatical structures found in the dialogues. Answers to the exercises are provided at the end of each chapter.

The author, Maria Karra, is a former aerospace engineer. In addition to her technical background, she has over twenty-five years of experience as a translator and interpreter, collaborating with Greek consulates in the United States, European Union institutions, the US Department of Defense, and several aerospace companies. Maria holds a bachelor's degree in engineering physics with a focus on spacecraft design, a master's degree in electrical engineering, a master's in applied linguistics with a focus on second-language acquisition, a master's in translation and a diploma in medical interpreting. She has always had a passion for languages (she speaks nine, seven of which fluently). She started teaching as a hobby, writing her own teaching material, which she later started to compile and publish. Maria has written several language textbooks which combine her language expertise with her mathematical thinking, resulting in a very effective language-learning methodology and structure. Maria was born in Thessaloniki, Greece. She has lived in Brussels, Paris, Boston, Miami, and currently divides her time between West Palm Beach (Florida, USA) and Granada (Spain). You can reach her at stithalassa@gmail.com.

List of abbreviations

acc.	accusative
adj.	adjective
adv.	adverb
fem.	feminine
gen.	genitive
inst. subj.	instantaneous subjunctive
lit.	literally (word for word)
masc.	masculine
n.	noun
neut.	neuter
nom.	nominative
opp.	opposite
pl.	plural
sing.	singular
syn.	synonym

1. Πηγαίνω στην αγορά - I'm going to the market

Κώστας: Γεια σου, Κατερίνα.

Κατερίνα: Καλημέρα, Κώστα. Πού πας;

Κώστας: Στο σούπερ μάρκετ, για φρούτα.

Κατερίνα: Γιατί δεν πας στο μανάβικο; Είναι πιο κοντά.

Κώστας: Δυστυχώς είναι κλειστό. Κλείνει στις 5.

Κατερίνα: Ναι, έχεις δίκιο. Κλείνει αρκετά νωρίς. Το σούπερ μάρκετ είναι ανοιχτό τώρα;

Κώστας: Ναι, είναι ανοιχτό ως τις 9 το βράδυ.

ΛΕΞΙΛΟΓΙΟ – VOCABULARY

πού πας; = where are you going?	*v.* πάω = to go *synonym:* πηγαίνω
το σούπερ μάρκετ = super market	*also:* το σουπερμάρκετ
τα φρούτα = fruits	*sing.:* το φρούτο
γιατί δεν πας = why don't you go	
το μανάβικο = greengrocer's	
κοντά = *(adv.)* nearby, close	πιο κοντά = closer *(literally:* more close*)*
δυστυχώς = *(adv.)* unfortunately	*opposite:* ευτυχώς = fortunately
έχεις δίκιο = you are right	
κλειστό = *(adj. neut.)* closed	κλειστός – κλειστή – κλειστό κλειστοί – κλειστές – κλειστά
κλείνει = it closes	*v.* κλείνω = to close
αρκετά = *(adv.)* quite also, in a different context: enough	
νωρίς = *(adv.)* early	
ανοιχτό = *(adj. neut.)* open	ανοιχτός – ανοιχτή – ανοιχτό ανοιχτοί – ανοιχτές – ανοιχτά
τώρα = *(adv.)* now	
το βράδυ = evening	το βράδυ = evening

ΓΡΑΜΜΑΤΙΚΗ – GRAMMAR

Ας κλίνουμε μερικά από τα ρήματα του διαλόγου. – Let's conjugate some of the verbs found in the dialogue.

Ενεστώτας
Simple present

εγώ	**είμαι**	**έχω**	**κλείνω**	**πάω**
εσύ	είσαι	έχεις	κλείνεις	πας
αυτός	είναι	έχει	κλείνει	πάει
εμείς	είμαστε	έχουμε	κλείνουμε	πάμε
εσείς	είστε / είσαστε	έχετε	κλείνετε	πάτε
αυτοί	είναι	έχουν / έχουνε*	κλείνουν / κλείνουνε*	πάνε

*informal

ΑΣΚΗΣΕΙΣ – EXERCISES

Α. Αντιστοίχισε κάθε ερώτηση με τη σωστή απάντηση. – Match each question to the right answer.

1. Πού πας;   Κλείνει στις εννιά.

2. Το μανάβικο είναι μακριά;   Όχι, είναι ανοιχτό.

3. Τι ώρα κλείνει το σούπερ μάρκετ;   Πάω στο σχολείο.
school

4. Το μαγαζί είναι κλειστό;   Ναι, πολύ νωρίς.
shop, store   *very*

5. Το μανάβικο κλείνει νωρίς;   Όχι, είναι κοντά.

B. Διάλεξε το σωστό τύπο κάθε ρήματος. – Select the correct form of each verb.

1. Πού _____ ο Κώστας;
   a. πας   b. πάμε   c. πάνε   d. πάει

2. Το μανάβικο _____ κοντά.
   a. είναι   b. είσαι   c. είμαστε   d. είστε

3. Τα μαγαζιά _____ στις πέντε.
   a. κλείνει   b. κλείνουμε   c. κλείνεις   d. κλείνουν

4. Το σούπερ μάρκετ _____ κλειστό.
   a. είσαι   b. είναι   c. είμαι   d. είμαστε

5. Εμείς _____ πάντα δίκιο.
   always
   a. έχω   b. έχετε   c. έχουμε   d. έχεις

C. Συμπλήρωσε τα κενά με τα επίθετα στο σωστό τύπο (δηλ. στο σωστό πρόσωπο και γένος) – Fill in the blanks with the adjectives in the right form (i.e. in the correct person and gender).

1. Τα μανάβικα είναι _____. (ανοιχτός)

2. Το σούπερ μάρκετ είναι _____. (κλειστός)

3. Η αγορά είναι _____. (κλειστός)

4. Οι πόρτες είναι _____. (ανοιχτός)
   doors (η πόρτα = door)

5. Τα παράθυρα είναι _____. (κλειστός)
   windows (το παράθυρο = window)

6. Ο διακόπτης είναι _____. (κλειστός)
   switch

D. Αντιστοίχισε κάθε λέξη στα αριστερά με το αντίθετό της στα δεξιά. – Match each word on the left to its opposite on the right.

1. κοντά   πρωί
                        morning

2. δυστυχώς   ευτυχώς

3. κλειστός   αργά
                        late

4. νωρίς   μακριά
                        far

5. βράδυ   ανοιχτός

ΛΥΣΕΙΣ ΤΩΝ ΑΣΚΗΣΕΩΝ – ANSWERS TO THE EXERCISES

A.   1. Πού πας; - Πάω στο σχολείο
       2. Το μανάβικο είναι μακριά; - Όχι, είναι κοντά.
       3. Τι ώρα κλείνει το σούπερ μάρκετ; - Κλείνει στις εννιά.
       4. Το μαγαζί είναι κλειστό; - Όχι, είναι ανοιχτό.
       5. Το μανάβικο κλείνει νωρίς; - Ναι, πολύ νωρίς.

B.   1. d. πάει
       2. a. είναι
       3. d. κλείνουν
       4. b. είναι
       5. c. έχουμε

C.   1. ανοιχτό
       2. κλειστό
       3. κλειστή
       4. ανοιχτές
       5. κλειστά
       6. κλειστός

D.   1. κοντά – μακριά
       2. δυστυχώς – ευτυχώς
       3. κλειστός – ανοιχτός
       4. νωρίς – αργά
       5. βράδυ – πρωί

2. Πού είναι η Πάτρα; – Where is Patra?

Νίκος: Γιώργο, μένεις πολλά χρόνια στην Αυστραλία;

Γιώργος: Ναι, περίπου δέκα. Εσύ;

Νίκος: Εγώ δώδεκα.

Γιώργος: Είσαι από την Αθήνα;

Νίκος: Όχι, από την Πάτρα. Ξέρεις πού είναι;

Γιώργος: Φυσικά! Στην Πολοπόννησο. Είναι μεγάλη και όμορφη πόλη.

Νίκος: Ναι, πράγματι! Είναι γνωστή για το καρναβάλι της.

Γιώργος: Το ξέρω. Θέλω πολύ να την επισκεφτώ μια μέρα.

ΛΕΞΙΛΟΓΙΟ – VOCABULARY

μένεις = you live	v. μένω = to reside, to stay, to live
τα χρόνια = years	*sing.*: ο χρόνος = year (it changes gender in the plural and becomes neuter, though there is also *οι χρόνοι*, used less frequently)
πολλά χρόνια = many years	
περίπου = *(adv.)* approximately	
ξέρεις = you know	v. ξέρω = to know
φυσικά = *(adv.)* of course, naturally	*from:* η φύση = nature
μεγάλη = *(adj. fem.)* big	μεγάλος – μεγάλη – μεγάλο μεγάλοι – μεγάλες – μεγάλα
όμορφη = *(adj. fem.)* pretty, beautiful	όμορφος – όμορφη – όμορφο όμορφοι – όμορφες – όμορφα
η πόλη = city	
πράγματι = *(adv.)* indeed	
γνωστή = *(adj. fem.)* known	γνωστός – γνωστή – γνωστό γνωστοί – γνωστές – γνωστά
το καρναβάλι = carnival	
να επισκεφτώ = to visit	θέλω να την επισκεφτώ = I want to visit her ("her" because Patra is feminine: η Πάτρα)
μια μέρα = one day	η μέρα = day *also:* η ημέρα

ΓΡΑΜΜΑΤΙΚΗ – GRAMMAR

Ας κλίνουμε μερικά από τα ρήματα του διαλόγου. – Let's conjugate some of the verbs found in the dialogue.

<u>*Ενεστώτας*</u>
<u>*Simple present*</u>

εγώ	επισκέπτομαι	θέλω	μένω	ξέρω
εσύ	επισκέπτεσαι	θέλεις	μένεις	ξέρεις
αυτός	επισκέπτεται	θέλει	μένει	ξέρει
εμείς	επισκεπτόμαστε	θέλουμε	μένουμε	ξέρουμε
εσείς	επισκέπτεστε	θέλετε	μένετε	ξέρετε
αυτοί	επισκέπτονται	θέλουν / θέλουνε*	μένουν / μένουνε*	ξέρουν / ξέρουνε*

Note that **επισκέπτομαι** ends in -ομαι, indicating that it is in the passive voice, whereas **θέλω, μένω,** and **ξέρω** end in -ω, indicating that they are in the active voice.

* *informal*

ΑΣΚΗΣΕΙΣ – EXERCISES

Α. Αντιστοίχισε κάθε ερώτηση με τη σωστή απάντηση. – Match each question to the right answer.

1. Πού μένουν ο Νίκος και ο Γιώργος;   Για το καρναβάλι της.

2. Η Πάτρα είναι μικρή πόλη;   Περίπου οχτώ.
   small

3. Για τι είναι γνωστή η Πάτρα;   Ναι, το θέλω πολύ.

4. Πού είναι η Πάτρα;   Μένουν στην Αυστραλία.

5. Πόσα χρόνια μένεις στην Ελλάδα;   Από την Αθήνα.

6. Θέλεις να επισκεφτείς την Ιταλία;   Στην Πελοπόννησο.

7. Είστε από τη Θεσσαλονίκη;   Όχι, είναι μεγάλη.

8. Από πού είσαι, Ελένη;   Όχι, είμαστε από την Κρήτη.
   Crete

B. Βάλε τα ρήματα στο σωστό πρόσωπο. – Put the verbs in the right person.

1. Η Κατερίνα δεν _____ αγγλικά. *(ξέρω)*
   English

2. _____ πού είναι το βιβλίο; *(ξέρω)*
   book

3. Ο Κώστας _____ στην Ισπανία. *(μένω)*
   Spain

4. Από πού _____, Μαρία; *(είμαι)*

5. Εγώ _____ από τη Θεσσαλονίκη. *(είμαι)*

6. Η Άννα και ο Γιάννης _____ πιάνο. *(ξέρω)*
   (literally: they know piano; implied: they know [how to play] the piano)

7. Εσείς _____ γαλλικά; *(ξέρω)*
   French

8. Παναγιώτη, _____ μια πορτοκαλάδα; *(θέλω)*
   orange juice

9. Πού _____, κύριε Αντώνη; *(μένω)*
   mister
   Note: Use the polite form!

10. Η Πάτρα και η Καλαμάτα _____ στην Πελοπόννησο. *(είμαι)*

C. Βάλε τα επίθετα στον πληθυντικό. – Put the adjectives in the plural.

1. Η όμορφη πόλη. → Οι _____ πόλεις.

2. Η μεγάλη πόρτα. → Οι _____ πόρτες.
   door

3. Ο γνωστός ηθοποιός. → Οι _____ ηθοποιοί.
   actor

4. Ο μεγάλος δρόμος. → Οι _____ δρόμοι.
   road

5. Η γνωστή τραγουδίστρια. → Οι _____ τραγουδίστριες.
   female singer

6. Η ζεστή μέρα. → Οι _____ μέρες.
   warm, hot

7. Το ζεστό φαγητό. → Τα _____ φαγητά.
   food

8. Το γνωστό ποίημα. → Τα _____ ποιήματα.
   poem

9. Το όμορφο νησί. → Τα _____ νησιά.
   island

10. Ο όμορφος άνδρας. → Οι _____ άνδρες.

D. Αντιστοίχισε κάθε λέξη στα αριστερά με το αντίθετό της στα δεξιά. – Match each word on the left to its opposite on the right.

1. πολλά   μικρή

2. περίπου   άσχημη
                 ugly

3. μεγάλη   λίγα
                 few

4. γνωστός   ακριβώς
                 exactly

5. όμορφη   άγνωστος
                 unknown

ΛΥΣΕΙΣ ΤΩΝ ΑΣΚΗΣΕΩΝ – ANSWERS TO THE EXERCISES

A.
1. Πού μένουν ο Νίκος και ο Γιώργος; - Μένουν στην Αυστραλία.
2. Η Πάτρα είναι μικρή πόλη; - Όχι, είναι μεγάλη.
3. Για τι είναι γνωστή η Πάτρα; - Για το καρναβάλι της.
4. Πού είναι η Πάτρα; - Στην Πελοπόννησο.
5. Πόσα χρόνια μένεις στην Ελλάδα; - Περίπου οχτώ.
6. Θέλεις να επισκεφτείς την Ιταλία; - Ναι, το θέλω πολύ.
7. Είστε από τη Θεσσαλονίκη; - Όχι, είμαστε από την Κρήτη.
8. Από πού είσαι, Ελένη; - Από την Αθήνα.

B.
1. ξέρει
2. Ξέρεις
3. μένει
4. είσαι
5. είμαι
6. ξέρουν
7. ξέρετε
8. θέλεις
9. μένετε
10. είναι

C.
1. όμορφες
2. μεγάλες
3. γνωστοί
4. μεγάλοι
5. γνωστές
6. ζεστές
7. ζεστά
8. γνωστά
9. όμορφα
10. όμορφοι

D.
1. πολλά – λίγα
2. περίπου – ακριβώς
3. μεγάλη – μικρή
4. γνωστός – άγνωστος
5. όμορφη – άσχημη

3. Πού είναι τα ρούχα μου; – Where are my clothes?

Αντώνης: Μαμά, πού είναι οι κάλτσες μου;

Μαμά: Εμένα ρωτάς;

Αντώνης: Αφού εσύ πλένεις τα ρούχα.

Μαμά: Ναι, τα πλένω, τα απλώνω, τα σιδερώνω και τα βάζω στη ντουλάπα σου.

Αντώνης: Άρα ξέρεις πού είναι οι κάλτσες.

Μαμά: Όχι. Αν δεν είναι στο συρτάρι της ντουλάπας, τότε δεν ξέρω πού είναι.

Αντώνης: Ούτε το μαύρο παντελόνι μου ξέρεις πού είναι;

Μαμά: Στην απλώστρα.

Αντώνης: Μα το θέλω. Γιατί δε χρησιμοποιείς το στεγνωτήριο;

Μαμά: Το χρησιμοποιώ κάπου κάπου, αλλά σήμερα έχει ήλιο. Τα ρούχα στεγνώνουν γρήγορα στον ήλιο, μην ανησυχείς.

ΛΕΞΙΛΟΓΙΟ – VOCABULARY

τα ρούχα = clothes	*sing.*: το ρούχο
οι κάλτσες = socks	*sing.*: η κάλτσα
εμένα ρωτάς; = are you asking me?	εμένα = me εγώ = I **εμένα** *is the accusative of* **εγώ**, *just like* **me** *is the accusative of* **I**.
ρωτάς = you ask, you are asking	*v.* ρωτάω / ρωτώ = to ask
αφού = since, given that	αφού *can also mean* after, *depending on context*
πλένεις = you wash	*v.* πλένω = to wash
απλώνω = I hang	*also:* to spread
σιδερώνω = I iron	*n.* το σίδερο = iron
βάζω = I put	*also:* to put on
στην ντουλάπα σου = in your closet	η ντουλάπα = closet στην : σε + την
άρα = then, so, therefore	
στο συρτάρι της ντουλάπας = in the drawer of the closet	το συρτάρι = drawer η ντουλάπα = closet, wardrobe της ντουλάπας = *(gen.)* of the closet
ούτε ... = ... either *also:* neither/nor (depending on context)	
μαύρο =*(neut.)* black	μαύρος – μαύρη – μαύρο μαύροι – μαύρες – μαύρα
το παντελόνι = pants, trousers	
η απλώστρα = clothes line, drying rack	
μα = but	*syn.:* αλλά
χρησιμοποιείς = you use	*v.* χρησιμοποιώ = to use

το στεγνωτήριο = dryer

κάπου κάπου = every now and then

σήμερα = today

έχει ήλιο = it is sunny, the sun is out (literally: there is sun)

ο ήλιος = sun
in **έχει ήλιο**, **ήλιο** is the accusative of **ήλιος**

στεγνώνουν = they dry

v. στεγνώνω = to dry

γρήγορα = *(adv.)* quickly

στον ήλιο = in the sun

μην ανησυχείς = don't worry

v. ανησυχώ = to worry

ΓΡΑΜΜΑΤΙΚΗ – GRAMMAR

Ας κλίνουμε μερικά από τα ρήματα του διαλόγου. – Let's conjugate some of the verbs found in the dialogue.

Ενεστώτας
Simple present

εγώ	**ανησυχώ**	**βάζω**	**πλένω**
εσύ	ανησυχείς	βάζεις	πλένεις
αυτός	ανησυχεί	βάζει	πλένει
εμείς	ανησυχούμε	βάζουμε	πλένουμε
εσείς	ανησυχείτε	βάζετε	πλένετε
αυτοί	ανησυχούν / ανησυχούνε*	βάζουν / βάζουνε*	πλένουν / πλένουνε*

εγώ	**ρωτάω / ρωτώ**	**χρησιμοποιώ**
εσύ	ρωτάς	χρησιμοποιείς
αυτός	ρωτάει / ρωτά	χρησιμοποιεί
εμείς	ρωτάμε / ρωτούμε	χρησιμοποιούμε
εσείς	ρωτάτε	χρησιμοποιείτε
αυτοί	ρωτάνε / ρωτούν / ρωτούνε*	χρησιμοποιούν / χρησιμοποιούνε*

* *informal*

ΑΣΚΗΣΕΙΣ – EXERCISES

Α. Αντιστοίχισε κάθε ερώτηση με τη σωστή απάντηση. – Match each question to the right answer.

1. Ποιος πλένει τα ρούχα;   Στην απλώστρα.

2. Πού βάζει τις κάλτσες η μαμά;   Μαύρο.

3. Πού απλώνουμε τα ρούχα;   Η μαμά.

4. Τι κάνει το στεγνωτήριο;   Στεγνώνει τα ρούχα.

5. Τι χρώμα είναι το παντελόνι;   Στο συρτάρι.
   color

B. Βάλε τα ρήματα στο σωστό πρόσωπο. – Put the verbs in the right person.

1. εσύ _____ (βάζω)

2. εμείς _____ (πλένω)

3. αυτοί _____ (σιδερώνω)

4. εσείς _____ (ξέρω)

5. εγώ _____ (ανησυχώ)

6. εμείς _____ (θέλω)

7. εσείς _____ (ρωτάω / ρωτώ)

8. εσύ _____ (ρωτάω / ρωτώ)

9. αυτές _____ (θέλω)

10. αυτοί _____ (ανησυχώ)

11. εμείς _____ (βάζω)

12. εσύ _____ (θέλω)

C. Συμπλήρωσε τις προτάσεις με τα ρήματα στο σωστό πρόσωπο. – Complete the sentences with the verbs in the right person.

1. Ο Νίκος _____ ένα στυλό. (χρησιμοποιώ)
   pen

2. Οι κάλτσες _____ στο συρτάρι. (είμαι)

3. Το παντελόνι _____ στην ντουλάπα. (είμαι)

4. Οι μαμάδες _____ τα ρούχα. (σιδερώνω)
   moms

5. Η Ελένη _____ το πουκάμισο στην απλώστρα. (απλώνω)
   shirt (with buttons)

6. Γιατί δε _____ τα ρούχα στον στεγνωτήριο; (βάζω)

7. Τα ρούχα _____ στον ήλιο. (στεγνώνω)

8. Μαμά, _____ πού είναι τα ρούχα μου; (ξέρω)

9. Τα παιδιά _____ τα ρούχα τους. (βάζω)
   children

10. Εσείς _____ στεγνωτήριο; (χρησιμοποιώ)

D. Βάλε τα ουσιαστικά στον πληθυντικό. – Put the nouns in the plural.

1. η κάλτσα → _____

2. το ρούχο → _____

3. η ντουλάπα → _____

4. το συρτάρι → _____

5. το παντελόνι → _____

6. η απλώστρα → _____

7. το πουκάμισο → _____

8. η μπλούζα → _____
   shirt, blouse

9. το παπούτσι → _____
   shoe

10. το καπέλο → _____
    hat

ΛΥΣΕΙΣ ΤΩΝ ΑΣΚΗΣΕΩΝ – ANSWERS TO THE EXERCISES

A. 1. Ποιος πλένει τα ρούχα; - Η μαμά.
2. Πού βάζει τις κάλτσες η μαμά; - Στο συρτάρι.
3. Πού απλώνουμε τα ρούχα; - Στην απλώστρα.
4. Τι κάνει το στεγνωτήριο; - Στεγνώνει τα ρούχα.
5. Τι χρώμα είναι το παντελόνι; - Μαύρο.

B. 1. βάζεις
2. πλένουμε
3. σιδερώνουν
4. ξέρετε
5. ανησυχώ
6. θέλουμε
7. ρωτάτε
8. ρωτάς
9. θέλουν
10. ανησυχούν
11. βάζουμε
12. θέλεις

C. 1. χρησιμοποιεί
2. είναι
3. είναι
4. σιδερώνουν
5. απλώνει
6. βάζεις
7. στεγνώνουν
8. ξέρεις
9. βάζουν
10. χρησιμοποιείτε

D. 1. οι κάλτσες
2. τα ρούχα
3. οι ντουλάπες
4. τα συρτάρια
5. τα παντελόνια
6. οι απλώστρες
7. τα πουκάμισα
8. οι μπλούζες
9. τα παπούτσια
10. τα καπέλα

4. Ώρα για ύπνο! – Time for bed!

Μαμά: Ορέστη, ώρα για ύπνο! Στο κρεβάτι σου!

Ορέστης: Μα είναι νωρίς ακόμα.

Μαμά: Δεν είναι νωρίς. Είναι εννιά η ώρα. Αύριο έχεις σχολείο.

Ορέστης: Ναι αλλά η ταινία τελειώνει στις δέκα.

Μαμά: Λυπάμαι.

Ορέστης: Σε παρακαλώ, μαμά. Θέλω οπωσδήποτε να δω το τέλος.

Μαμά: Μα αύριο θα κοιμάσαι όρθιος στο σχολείο!

Ορέστης: Δεν πειράζει.

Μαμά: Πειράζει. Θα γράψουμε την ταινία και θα τη δεις το σαββατοκύριακο.

Ορέστης: Αυτό δεν είναι δίκαιο.

Μαμά: Ναι, ναι, είμαι πολύ άδικη. Καληνύχτα τώρα.

ΛΕΞΙΛΟΓΙΟ – VOCABULARY

η ώρα = hour, time	ώρα για ... = time for ... τι ώρα είναι; = what time is it?
ο ύπνος = *(n.)* sleep	
ώρα για ύπνο = time to sleep, time for bed	
το κρεβάτι = bed	στο κρεβάτι σου = to your bed
ακόμα = still *also: yet* (in a different context)	
εννιά η ώρα = nine o'clock	εννέα = εννιά = nine
αύριο = *(adv.)* tomorrow	
το σχολείο = school	
αλλά = but	*syn.:* μα
η ταινία = film, movie	
τελειώνει = finishes	*v.* τελειώνω = to finish *opp.* αρχίζω, ξεκινάω/ξεκινώ = to start
στις δέκα = at ten (*implied: στις δέκα η ώρα* = at ten o'clock)	
λυπάμαι = I am sorry	η λύπη = sorrow
σε παρακαλώ = please	*v.* παρακαλάω/παρακαλώ = to plead, beg *When used as an answer to* ευχαριστώ, *then* παρακαλώ *means "you're welcome"*
οπωσδήποτε = *(adv.)* certainly, definitely	
να δω = to see	*να δω is the instantaneous subjunctive of* βλέπω (Do not panic! We'll see it in the grammar section.)
το τέλος = the end	*opp.* η αρχή = the beginning

θα κοιμάσαι = you will be sleeping	v. κοιμάμαι = to sleep θα κοιμάσαι *is the continuous future of* κοιμάσαι *(see grammar section)*
όρθιος = *(adj. m.)* standing, upright, standing up	όρθιος – όρθια – όρθιο όρθιοι – όρθιες – όρθια κοιμάμαι όρθιος = *(expression) literally:* to sleep standing up; be awake but so tired I might as well be sleeping
το σχολείο = school	
δεν πειράζει = it doesn't matter	
θα γράψουμε = we will record *(also, and mainly, we will write)*	v. γράφω = to write, to record
θα τη δεις = you will see her *("her" because "η ταινία" is feminine)*	θα δεις *is the instantaneous future of* βλέπεις v. βλέπω = to see, to watch
το σαββατοκύριακο = weekend	*from* Σάββατο + Κυριακή *(but written with lowercase "σ" because it is not a proper noun but a combination of two proper nouns)*
δίκαιο = *(adj. n.)* fair, just	δίκαιος – δίκαιη – δίκαιο δίκαιοι – δίκαιες – δίκαια
άδικη = *(adj. fem.)* unfair	άδικος – άδικη – άδικο άδικοι – άδικες – άδικα
καληνύχτα = goodnight	*from* καλή *(good)* + νύχτα *(night)*

ΓΡΑΜΜΑΤΙΚΗ – GRAMMAR

Ας κλίνουμε μερικά από τα ρήματα του διαλόγου. – Let's conjugate some of the verbs found in the dialogue.

Ενεστώτας
Simple present

	βλέπω	γράφω	κοιμάμαι	λυπάμαι / λυπούμαι
εγώ	**βλέπω**	**γράφω**	**κοιμάμαι**	**λυπάμαι / λυπούμαι**
εσύ	βλέπεις	γράφεις	κοιμάσαι	λυπάσαι
αυτός	βλέπει	γράφει	κοιμάται	λυπάται
εμείς	βλέπουμε	γράφουμε	κοιμόμαστε	λυπόμαστε / λυπούμαστε
εσείς	βλέπετε	γράφετε	κοιμάστε / κοιμόσαστε	λυπάστε / λυπόσαστε
αυτοί	βλέπουν / βλέπουνε*	γράφουν / γράφουνε*	κοιμούνται	λυπούνται

	παρακαλάω / παρακαλώ	πειράζω	τελειώνω
εγώ	**παρακαλάω / παρακαλώ**	**πειράζω**	**τελειώνω**
εσύ	παρακαλείς / παρακαλάς*	πειράζεις	τελειώνεις
αυτός	παρακαλεί / παρακαλάει / παρακαλά*	πειράζει	τελειώνει
εμείς	παρακαλούμε	πειράζουμε	τελειώνουμε
εσείς	παρακαλείτε / παρακαλάτε*	πειράζετε	τελειώνετε
αυτοί	παρακαλούν / παρακαλούνε / παρακαλάνε*	πειράζουν / πειράζουνε	τελειώνουν / τελειώνουνε

informal

Note that **κοιμάμαι** and **λυπάμαι** end in -άμαι, indicating that they are in the passive voice, whereas the rest of the verbs end in -ω, indicating that they are in the active voice.

In this dialogue, in addition to the verbs in the present tense, we have seen
θα κοιμάσαι (you will be sleeping - continuous future of **κοιμάσαι**),
θα δεις (you will see – instantaneous future of **βλέπεις**),
να δω ([for me] to see – instantaneous subjunctive of **βλέπω**), and
θα γράψουμε (we will write – instantaneous future of **γράφουμε**).
Let's conjugate these verbs:

	Instantaneous Future *Στιγμιαίος μέλλοντας*		*Instantaneous Subjunctive* *Στιγμιαία υποτακτική*
εγώ	**θα γράψω**	θα δω	να δω
εσύ	θα γράψεις	θα δεις	να δεις
αυτός	θα γράψει	θα δει	να δει
εμείς	θα γράψουμε	θα δούμε	να δούμε
εσείς	θα γράψετε	θα δείτε	να δείτε
αυτοί	θα γράψουν / θα γράψουνε*	θα δουν / θα δούνε*	να δουν / να δούνε*

Note that the verb in the instantaneous subjunctive is conjugated in the same way as in the instantaneous future, by only changing *θα* to *να*.

	Continuous Future *Εξακολουθητικός μέλλοντας*
εγώ	**θα κοιμάμαι**
εσύ	θα κοιμάσαι
αυτός	θα κοιμάται
εμείς	θα κοιμόμαστε
εσείς	θα κοιμάστε / θα κοιμόσαστε*
αυτοί	θα κοιμούνται

* informal

Τώρα ας κλίνουμε μερικά από τα ουσιαστικά του διαλόγου. – Now let's decline some of the nouns found in the dialogue.

Singular

Nom.	**το κρεβάτι** *(neut.)*	**το σχολείο** *(neut.)*	**η ταινία** *(fem.)*
Gen.	του κρεβατιού	του σχολείου	της ταινίας
Acc.	το κρεβάτι	το σχολείο	την ταινία
Voc.	κρεβάτι	σχολείο	ταινία

Plural

Nom.	τα κρεβάτια	τα σχολεία	οι ταινίες
Gen.	των κρεβατιών	των σχολείων	των ταινιών
Acc.	τα κρεβάτια	τα σχολεία	τις ταινίες
Voc.	κρεβάτια	σχολεία	ταινίες

ΑΣΚΗΣΕΙΣ – EXERCISES

A. Συμπλήρωσε τα κενά με τις λέξεις στο πλαίσιο. – Fill in the blanks with the words in the box.

> τέλος - στις - ταινίες - ώρα - δίκαιος

1. Είναι οχτώ η _____.
   eight

2. Η ταινία τελειώνει _____ πέντε.
   five

3. Θέλω να δω το _____ της ταινίας.

4. Ο μπαμπάς δεν είναι _____!

5. Το σαββατοκύριακο βλέπω πολλές _____.
   many

B. Μία λέξη σε κάθε πρόταση είναι λάθος· υπογράμμισέ την κι έπειτα γράψε την πρόταση σωστά. – One word in each sentence is wrong; underline it and then write the sentence correctly.

1. Ώρα για ύπνος!

2. Είναι οχτώ οι ώρα.

3. Αύριο έχω σχολεία.

4. Η ταινία τελειώνουν στις εννιά.

5. Σε παρακαλείς, Κατερίνα.

6. Ο Αλέκος κοιμάται όρθια στο σχολείο.

7. Βλέπω μια ταινίες στην τηλεόραση.
                                      television

_____

8. Το σαββατοκύριακη κοιμάμαι μέχρι αργά.
                                           until   late

_____

9. Η μαμά είναι πολύ άδικα.

_____

10. Στο κρεβάτια σου τώρα!

_____

C. Βάλε τα ρήματα στο σωστό πρόσωπο. – Put the verbs in the right person.

1. _____ πολύ νωρίς ακόμα. *(είμαι)*

2. Αύριο τα παιδιά _____ σχολείο. *(έχω)*

3. Η ταινία αρχίζει στις έξι και _____ στις οχτώ. *(τελειώνω)*

4. Το σαββατοκύριακο, η Μαρία και ο Γιάννης _____ ως τις δέκα. *(κοιμάμαι)*
   until

5. Μαμά, _____ άδικη! *(είμαι)*

6. Ο Νίκος _____ πολύ. *(λυπάμαι)*

7. Η Ελένη _____ τον Κώστα. *(παρακαλώ)*

8. Ο Βασίλης _____ ένα γράμμα. *(γράφω)*
   letter

ΛΥΣΕΙΣ ΤΩΝ ΑΣΚΗΣΕΩΝ – ANSWERS TO THE EXERCISES

A. 1. ώρα
2. στις
3. τέλος
4. δίκαιος
5. ταινίες

B. 1. ύπνος → ύπνο
2. οι → η
3. σχολεία → σχολείο
4. τελειώνουν → τελειώνει
5. παρακαλείς → παρακαλώ
6. όρθια → όρθιος
7. ταινίες → ταινία
8. σαββατοκύριακη → σαββατοκύριακο
9. άδικα → άδικη
10. κρεβάτια → κρεβάτι

C. 1. Είναι
2. έχουν
3. τελειώνει
4. κοιμούνται
5. είσαι
6. λυπάται
7. παρακαλεί
8. γράφει

5. Το λεωφορείο – The bus

- Με συγχωρείτε, ξέρετε πού είναι η στάση του λεωφορείου;

- Ποιου λεωφορείου; Εδώ παρακάτω σταματάει το 33 και στο επόμενο τετράγωνο σταματάει το 48.

- Αχ, δεν ξέρω. Θέλω να πάω στο κέντρο. Ποιο λεωφορείο πρέπει να πάρω;

- Το 48 πηγαίνει στο κέντρο.

- Τέλεια. Ξέρετε κάθε πότε περνάει;

- Κάθε μισή ώρα.

- Εντάξει, ευχαριστώ πολύ.

- Παρακαλώ.

ΛΕΞΙΛΟΓΙΟ – VOCABULARY

με συγχωρείτε = *(plural or polite form)* excuse me	v. συγχωρώ = to excuse, to forgive
ξέρετε = *(plural/polite)* you know	v. ξέρω = to know
η στάση = the stop	
το λεωφορείο = bus	η στάση του λεωφορείου = bus stop (*lit.* the stop of the bus)
ποιου λεωφορείου; = of which bus?	
εδώ = here	
παρακάτω = further down	εδώ παρακάτω = a little further down
σταματάει = stops	v. σταματάω / σταματώ = to stop
επόμενο = *(adj. neut.)* next	επόμενος – επόμενη – επόμενο επόμενοι – επόμενες – επόμενα
το τετράγωνο = the square	
θέλω να πάω = I want to go	
το κέντρο = the center	
ποιο λεωφορείο = which bus	ποιος – ποια – ποιο = who/which *(see grammar section)*
πρέπει να … = must, it is necessary to…	
να πάρω = to take	**να πάρω** is the continuous subjunctive of **παίρνω** (to take) πρέπει να πάρω = I have to take
πηγαίνει = goes *syn.* πάει	v. πηγαίνω = πάω = to go
τέλεια = *(adv.)* perfect, perfectly	
κάθε πότε = how often	κάθε = every πότε = when
περνάει = passes, goes by	v. περνάω / περνώ = to pass, to go by, to go through
μισή ώρα = half hour	
εντάξει = OK	
παρακαλώ = you're welcome *also:* please	

ΓΡΑΜΜΑΤΙΚΗ – GRAMMAR

Ας κλίνουμε μερικά από τα ρήματα του διαλόγου. – Let's conjugate some of the verbs found in the dialogue.

<u>*Ενεστώτας*</u>
<u>**Simple present**</u>

εγώ	συγχωρώ	ξέρω	σταματάω / σταματώ	παίρνω
εσύ	συγχωρείς	ξέρεις	σταματάς	παίρνεις
αυτός	συγχωρεί	ξέρει	σταματάει / σταματά	παίρνει
εμείς	συγχωρούμε	ξέρουμε	σταματάμε / σταματούμε	παίρνουμε
εσείς	συγχωρείτε	ξέρετε	σταματάτε	παίρνετε
αυτοί	συγχωρούν / συγχωρούνε*	ξέρουν / ξέρουνε*	σταματάνε / σταματούν / σταματούνε*	παίρνουν / παίρνουνε*

εγώ	πηγαίνω	περνάω / περνώ	ευχαριστώ
εσύ	πηγαίνεις	περνάς	ευχαριστείς
αυτός	πηγαίνει	περνάει / περνά	ευχαριστεί
εμείς	πηγαίνουμε	περνάμε / περνούμε	ευχαριστούμε
εσείς	πηγαίνετε	περνάτε	ευχαριστείτε
αυτοί	πηγαίνουν / πηγαίνουνε*	περνάνε / περνούν / περνούνε*	ευχαριστούν / ευχαριστούνε*

* *informal*

The verb **παίρνω** in the instantaneous subjunctive and in the instantaneous future (note that only the **να** changes to **θα**) is conjugated as follows:

	<u>*Instantaneous Subjunctive*</u> <u>*Στιγμιαία υποτακτική*</u>	<u>*Instantaneous Future*</u> <u>*Στιγμιαίος μέλλοντας*</u>
εγώ	**να πάρω**	**θα πάρω**
εσύ	να πάρεις	θα πάρεις
αυτός	να πάρει	θα πάρει
εμείς	να πάρουμε	θα πάρουμε
εσείς	να πάρετε	θα πάρετε
αυτοί	να πάρουν / να πάρουνε*	θα πάρουν / θα πάρουνε*

* *informal*

Τώρα ας κλίνουμε μερικά από τα ουσιαστικά του διαλόγου. – Now let's decline some of the nouns found in the dialogue.

Singular

Nom.	**το λεωφορείο**	**το τετράγωνο**	**το κέντρο**
Gen.	του λεωφορείου	του τετραγώνου	του κέντρου
Acc.	το λεωφορείο	το τετράγωνο	το κέντρο
Voc.	λεωφορείο	τετράγωνο	κέντρο

Plural

Nom.	τα λεωφορεία	τα τετράγωνα	τα κέντρα
Gen.	των λεωφορείων	των τετραγώνων	των κέντρων
Acc.	τα λεωφορεία	τα τετράγωνα	τα κέντρα
Voc.	λεωφορεία	τετράγωνα	κέντρα

Singular

Nom.	**η στάση**	**η ώρα**
Gen.	της στάσης	της ώρας
Acc.	τη στάση	την ώρα
Voc.	στάση	ώρα

Plural

Nom.	οι στάσεις	οι ώρες
Gen.	των στάσεων	των ωρών
Acc.	τις στάσεις	τις ώρες
Voc.	στάσεις	ώρες

The interrogative pronoun *ποιος* (who / which):

ποιος *(masc. sing.)* **ποια** *(fem. sing.)* **ποιο** *(neut. sing.)*

ποιοι *(masc. pl.)* **ποιες** *(fem. pl.)* **ποια** *(neut. pl.)*

Παραδείγματα - Examples:

Ποιος θέλει παγωτό; = Who wants ice cream?

Ποια γεύση προτιμάς; = Which flavor do you prefer?

Ποιο είναι το σπίτι της Μαρίας; = Which one is Maria's house?

Ποιο τρένο πάει στην Αθήνα; = Which train goes to Athens?

ΑΣΚΗΣΕΙΣ – EXERCISES

Α. Αντιστοίχισε κάθε ερώτηση με τη σωστή απάντηση. – Match each question to the right answer.

1. Πού είναι η στάση του λεωφορείου;   Κάθε μέρα.

2. Πού πηγαίνεις, Μαρίνα;   Στις εννιά το πρωί.

3. Κάθε πότε περνάει το τρένο;   Στο επόμενο τετράγωνο.

4. Τι ώρα περνάει το τρένο;   Παρακαλώ.

5. Ευχαριστώ   Πηγαίνω στο κέντρο.

B. Βάλε τα ρήματα στο σωστό πρόσωπο. – Put the verbs in the right person.

1. Ο Κώστας κι εγώ _____ το λεωφορείο. *(παίρνω)*

2. Ο Γιάννης _____ στο γραφείο. *(πηγαίνω)*
   Office

3. Μαμά, _____ πού είναι τα βιβλία μου; *(ξέρω)*
   Books

4. Η Κατερίνα _____ να πάει στο κέντρο. *(θέλω)*

5. Τα παιδιά _____ στο σχολείο. *(πηγαίνω)*

6. Κάθε πότε _____ διακοπές, Μαρία; *(πηγαίνω)*
   vacation

7. Από πού _____ το λεωφορείο; *(περνάω/περνώ)*
   From where

8. Τα λεωφορεία _____ στη στάση. *(σταματάω /σταματώ)*

C. Μία λέξη σε κάθε πρόταση είναι λάθος· υπογράμμισέ την και ξαναγράψε την πρόταση σωστά. – One word in each sentence is wrong; underline it and rewrite the sentence correctly.

1. Πού είναι οι στάση του λεωφορείου;
   _____

2. Ποιο λεωφορείο σταματάτε εδώ;
   _____

3. Ποιον τρένο πρέπει να πάρω;
   _____

4. Το τρένο περνάι κάθε δύο ώρα.
   _____

5. Με συγχωρείς, ξέρετε πότε περνάει το τρένο;
   _____

6. Τέλεια. Ευχαριστείς πολύ!
   _____

ΛΥΣΕΙΣ ΤΩΝ ΑΣΚΗΣΕΩΝ – ANSWERS TO THE EXERCISES

A. 1. Στο επόμενο τετράγωνο.
2. Πηγαίνω στο κέντρο.
3. Κάθε μέρα.
4. Στις εννιά το πρωί.
5. Παρακαλώ.

B. 1. παίρνουμε
2. πηγαίνει
3. ξέρεις
4. θέλει
5. πηγαίνουν
6. πηγαίνεις
7. περνάει
8. σταματάν(ε)/σταματούν(ε)

C. 1. οι → η
2. σταματάτε → σταματά / σταματάει
3. ποιον → ποιο
4. ώρα → ώρες
5. συγχωρείς → συγχωρείτε
6. Ευχαριστείς → Ευχαριστώ

6. Πάμε μια βόλτα – Let's go for a walk

Ελένη: Χρήστο, πάμε μια βόλτα.

Χρήστος: Μπα, δεν έχω όρεξη.

Ελένη: Έλα, κάνει πολύ καλό καιρό σήμερα.

Χρήστος: Δε θέλω. Βαριέμαι.

Ελένη: Όλο βαριέσαι. Βλέπεις συνέχεια τηλεόραση και δε βγαίνεις ποτέ από το σπίτι.

Χρήστος: Μα τι λες; Βγαίνω κάθε μέρα! Πηγαίνω στο γραφείο!

Ελένη: Δεν είναι το ίδιο.

Χρήστος: Ελένη μου, άσε με ήσυχο. Σε λίγο αρχίζει το ματς.

Ελένη: Α, έχει ματς σήμερα; Κατάλαβα. Θα πάω βόλτα μόνη μου.

Χρήστος: Καλά να περάσεις!

ΛΕΞΙΛΟΓΙΟ – VOCABULARY

πάμε = let's go *also:* we go	v. πάω / πηγαίνω = to go
η βόλτα = *(n.)* walk, stroll	
μπα = nah	
η όρεξη = appetite	δεν έχω όρεξη = I am not in the mood, I don't feel like it
έλα = come, come on	**έλα** is the imperative of the verb **έρχομαι** = to come
	ο καλός καιρός = good weather
ο καιρός = weather *also:* time	κάνει καλό καιρό = the weather is good (*word for word:* it is making good weather)
	Here "καλό καιρό" is in the accusative, so both words lose the final "ς".
σήμερα = today	
βαριέμαι = I am bored, I feel lazy	
όλο = *(adv.)* all the time	*syn.* συνέχεια, συνεχώς
βλέπεις = you watch, you see	v. βλέπω
συνέχεια = *(adv.)* continously, all the time	
η τηλεόραση = television	
βγαίνεις = you go out	v. βγαίνω = to go out, to come out
ποτέ = *(adv.)* never	
το σπίτι = house	από το σπίτι = from the house
τι λες; = what are you talking about? (*lit.:* what are you saying? / what do you say?)	
το γραφείο = office *also:* desk	

το ίδιο = the same	ο ίδιος – η ίδια – το ίδιο οι ίδιοι – οι ίδιες – τα ίδια
άσε με ήσυχο = *(expression)* leave me alone	**άσε** is the instantaneous imperative of the verb **αφήνω** = to leave, to let. ήσυχος = *(adj.)* silent, quiet In "άσε με ήσυχο" it is in the accusative, so it loses the "ς".
σε λίγο = shortly, in a little while	
αρχίζει = starts	*v.* αρχίζω = to begin, to start
το ματς = soccer match, soccer game	*syn.:* ο αγώνας ποδοσφαίρου
κατάλαβα = I got it, I understood	**κατάλαβα** is the instantaneous past of **καταλαβαίνω** = to understand
θα πάω = I will go	**θα πάω** is the instantaneous (simple) future of **πάω / πηγαίνω**
μόνη μου = *(fem.)* by myself	μόνος – μόνη – μόνο μόνοι – μόνες – μόνα = alone
καλά να περάσεις = *(expression)* have a good time	**να περάσεις** is the inst. subjunctive of **περνάς** (2nd person of **περνάω / περνώ**) περνάω / περνώ → να περάσω περνάς → να περάσεις περνάει / περνά → να περάσει Here the inst. subjunctive is used to express a wish. We could also say "Εύχομαι να περάσεις καλά" (I wish/ hope that you have a good time).

ΓΡΑΜΜΑΤΙΚΗ – GRAMMAR

Ας κλίνουμε μερικά από τα ρήματα του διαλόγου. – Let's conjugate some of the verbs found in the dialogue.

Ενεστώτας
Simple present

εγώ	**αφήνω**	**αρχίζω**	**βαριέμαι**	**βγαίνω**
εσύ	αφήνεις	αρχίζεις	βαριέσαι	βγαίνεις
αυτός	αφήνει	αρχίζει	βαριέται	βγαίνει
εμείς	αφήνουμε	αρχίζουμε	βαριόμαστε	βγαίνουμε
εσείς	αφήνετε	αρχίζετε	βαριέστε / βαριόσαστε*	βγαίνετε
αυτοί	αφήνουν / αφήνουνε*	αρχίζουν / αρχίζουνε*	βαριούνται	βγαίνουν / βγαίνουνε*

εγώ	**κάνω**	**καταλαβαίνω**	**περνάω / περνώ**
εσύ	κάνεις	καταλαβαίνεις	περνάς
αυτός	κάνει	καταλαβαίνει	περνάει / περνά
εμείς	κάνουμε	καταλαβαίνουμε	περνάμε / περνούμε
εσείς	κάνετε	καταλαβαίνετε	περνάτε
αυτοί	κάνουν / κάνουνε*	καταλαβαίνουν / καταλαβαίνουνε*	περνάνε* / περνούν / περνούνε*

* *informal*

Note that **_βαριέμαι_** ends in -ιέμαι, indicating that it is in the passive voice, whereas the rest of the verbs end in -ω, indicating that they are in the active voice.

Instantaneous Future
Στιγμιαίος μέλλοντας

εγώ	**θα περάσω**
εσύ	θα περάσεις
αυτός	θα περάσει
εμείς	θα περάσουμε
εσείς	θα περάσετε
αυτοί	θα περάσουν / θα περάσουνε*

To get the instantaneous subjunctive, we replace **θα** with **να**. So **θα περάσετε** becomes **να περάσετε**. Hence, **_Καλά να περάσετε._**

Τώρα ας κλίνουμε μερικά από τα ουσιαστικά του διαλόγου. – Now let's decline some of the nouns found in the dialogue.

Singular

Nom.	**η βόλτα** *(fem.)*	**το γραφείο** *(neut.)*	**ο καιρός** *(masc.)*
Gen.	της βόλτας	του γραφείου	του καιρού
Acc.	τη βόλτα	το γραφείο	τον καιρό
Voc.	βόλτα	γραφείο	καιρέ

Plural

Nom.	οι βόλτες	τα γραφεία	οι καιροί
Gen.	των βολτών	των γραφείων	των καιρών
Acc.	τις βόλτες	τα γραφεία	τους καιρούς
Voc.	βόλτες	γραφεία	καιροί

Singular

Nom.	**η όρεξη** *(fem.)*	**το σπίτι** *(neut.)*	**η τηλεόραση** *(fem.)*
Gen.	της όρεξης	του σπιτιού	της τηλεόρασης
Acc.	την όρεξη	το σπίτι	την τηλεόραση
Voc.	όρεξη	σπίτι	τηλεόραση

Plural

Nom.	οι ορέξεις	τα σπίτια	οι τηλεοράσεις
Gen.	των ορέξεων	των σπιτιών	των τηλεοράσεων
Acc.	τις ορέξεις	τα σπίτια	τις τηλεοράσεις
Voc.	ορέξεις	σπίτια	τηλεοράσεις

ΑΣΚΗΣΕΙΣ – EXERCISES

A. Αντιστοίχισε κάθε ερώτηση με τη σωστή απάντηση. – Match each question to the right answer.

1. Έχεις όρεξη για βόλτα;   Επειδή βαριέμαι.
                                   Because

2. Γιατί δε θέλεις να πάμε βόλτα;   Μια ταινία

3. Κάθε πότε πηγαίνετε βόλτα;   Στο γραφείο.

4. Τι βλέπεις στην τηλεόραση;   Όχι, δεν έχω.

5. Πού πηγαίνεις, Ιωάννα;   Στις οχτώ.

6. Τι ώρα αρχίζει το ματς;   Κάθε μέρα.

B. Βάλε τις λέξεις στη σωστή σειρά για να φτιάξεις προτάσεις. – Put the words in the right order to make sentences.

1. βόλτα – έχω – για – Δεν – όρεξη

   _____

2. βγαίνει – Φωτεινή – ποτέ – Η – σπίτι – το – δε – από

   _____

3. αρχίζει – ώρα – Το – σε – ματς – μισή

   _____

4. πάω – μου – Θα – μόνος – βόλτα

   _____

5. δε – ποτέ – Σπύρος – τηλεόραση – Ο – βλέπει

   _____

6. κοιμάται – Η – συνέχεια – γάτα

   _____

7. καιρό – κάνει – Σήμερα – καλό

   _____

8. κάθε – γραφείο – Πηγαίνουμε – στο – μέρα

   _____

C. Βάλε τα ρήματα στο σωστό πρόσωπο. – Put the verbs in the right person.

1. Σήμερα _____ καλό καιρό. *(κάνω)*

2. Ο Νίκος και ο Γιώργος _____ το ματς. *(βλέπω)*

3. Τι _____ στην τηλεόραση, παιδιά; *(βλέπω)*

4. Άννα, _____ τι λέω; *(καταλαβαίνω)*
   do you understand what I'm saying?

5. Κάθε χρόνο πηγαίνουμε διακοπές και _____ τέλεια. *(περνάω / περνώ)*

6. Κωνσταντίνα, _____ όρεξη για παγωτό; *(έχω)*

ΛΥΣΕΙΣ ΤΩΝ ΑΣΚΗΣΕΩΝ – ANSWERS TO THE EXERCISES

A. 1. Έχεις όρεξη για βόλτα; - Όχι, δεν έχω
    2. Γιατί δε θέλεις να πάμε βόλτα; - Επειδή βαριέμαι.
    3. Κάθε πότε πηγαίνετε βόλτα; - Κάθε μέρα.
    4. Τι βλέπεις στην τηλεόραση; - Μια ταινία.
    5. Πού πηγαίνεις, Ιωάννα; - Στο γραφείο.
    6. Τι ώρα αρχίζει το ματς; - Στις οχτώ.

B. 1. Δεν έχω όρεξη για βόλτα.
    2. Η Φωτεινή δε βγαίνει ποτέ από το σπίτι.
    3. Το ματς αρχίζει σε μισή ώρα.
    4. Θα πάω βόλτα μόνος μου.
    5. Ο Σπύρος δε βλέπει ποτέ τηλεόραση.
    6. Η γάτα κοιμάται συνέχεια.
    7. Σήμερα κάνει καλό καιρό.
    8. Πηγαίνουμε στο γραφείο κάθε μέρα. /
    Πηγαίνουμε κάθε μέρα στο γραφείο.

C. 1. κάνει
    2. βλέπουν / βλέπουνε
    3. βλέπετε
    4. καταλαβαίνεις
    5. περνάμε / περνούμε
    6. έχεις

7. Πεινάω! – I'm hungry!

Χάρης: Μαμά, πεινάω!

Μαμά: Περίμενε λίγο. Το φαγητό είναι σχεδόν έτοιμο.

Χάρης: Ωραία. Τι φαγητό έχουμε;

Μαμά: Κοτόπουλο με πατάτες.

Χάρης: Πάλι; Προχτές φάγαμε κοτόπουλο.

Μαμά: Όχι, κάνεις λάθος. Την προηγούμενη εβδομάδα φάγαμε κοτόπουλο. Προχτές φάγαμε φασολάδα.

Χάρης: Ναι αλλά εγώ δε θέλω κοτόπουλο. Τουλάχιστον αύριο ας φάμε μακαρονάδα.

Μαμά: Έχω μια καλύτερη ιδέα: αύριο μαγειρεύεις εσύ!

ΛΕΞΙΛΟΓΙΟ – VOCABULARY

πεινάω / πεινώ = I am hungry	
περίμενε = *(imper.)* wait	**περίμενε** is the imperative (2nd person singular) of **περιμένω** = to wait
λίγο = *(adv.)* a little bit	περίμενε λίγο = wait a minute
το φαγητό = food	
σχεδόν = almost	
έτοιμο = *(adj. neut.)* ready	έτοιμος – έτοιμη – έτοιμο έτοιμοι – έτοιμες – έτοιμα
ωραία = *(adv.)* nice	adj. ωραίος – ωραία – ωραίο ωραίοι – ωραίες – ωραία
το κοτόπουλο = chicken	
οι πατάτες = potatoes	*sing.* η πατάτα
πάλι = again	
προχτές = the day before yesterday	
φάγαμε = we ate	**φάγαμε** is the simple (instantaneous) past of **τρώμε** = we eat / we are eating v. τρώω = to eat
κάνεις λάθος = you are wrong	το λάθος = error, mistake κάνω λάθος = to make a mistake, to be wrong
προηγούμενη = *(adj. fem.)* previous	
η εβδομάδα = week	
η προηγούμενη εβδομάδα = last week	**την προηγούμενη εβδομάδα** is the accusative of **η προηγούμενη εβδομάδα**
η φασολάδα = white-bean soup	
τουλάχιστον = at least	
αύριο = tomorrow	
ας φάμε = let's eat	**ας φάμε** is the instantaneous subjunctive of **τρώμε** = we eat

η μακαρονάδα = spaghetti, pasta dish

η ιδέα = idea

καλύτερη = *(fem.)* better   **καλύτερη** is the comparative of **καλή** = *(adj. fem.)* good

μια καλύτερη ιδέα = a better idea

μαγειρεύεις = you cook   *v.* μαγειρεύω = to cook

ΓΡΑΜΜΑΤΙΚΗ – GRAMMAR

Ας κλίνουμε μερικά από τα ρήματα του διαλόγου. – Let's conjugate some of the verbs found in the dialogue.

<u>*Ενεστώτας*</u>
<u>*Simple present*</u>

εγώ	**μαγειρεύω**	**πεινάω / πεινώ**	**περιμένω**
εσύ	μαγειρεύεις	πεινάς	περιμένεις
αυτός	μαγειρεύει	πεινάει / πεινά	περιμένει
εμείς	μαγειρεύουμε	πεινάμε / πεινούμε	περιμένουμε
εσείς	μαγειρεύετε	πεινάτε	περιμένετε
αυτοί	μαγειρεύουν / μαγειρεύουνε*	πεινάνε / πεινούν / πεινούνε*	περιμένουν / περιμένουνε*

In the text we have the verb **φάγαμε** (we ate), which is the instantaneous (simple) past of **τρώμε** (we eat). Let's conjugate the verb **τρώω** (to eat) in the present and in the instantaneous past.

	<u>*Ενεστώτας*</u> <u>*Simple present*</u>	<u>*Αόριστος*</u> <u>*Instantaneous (simple) past*</u>
εγώ	**τρώω**	έφαγα
εσύ	τρως	έφαγες
αυτός	τρώει	έφαγε
εμείς	τρώμε	φάγαμε
εσείς	τρώτε	φάγατε
αυτοί	τρώνε	έφαγαν / φάγανε*

informal

In the text we saw **ας φάμε** (let's eat). This also comes from **τρώμε** (we eat). The form "**φάμε**" is the instantaneous subjunctive. It is formed like the instantaneous future **θα φάμε** (we will eat), where we replace **θα** with **ας**.

Another subjunctive we commonly see is formed by replacing **θα** with **να**. E.g. Θέλουμε **να φάμε** (we want to eat). Yet another common form is that with **όταν**. E.g. Όταν **φάμε** το φαγητό μας, θα παίξουμε. (When [after] we eat our food, we will play.)

We just conjugated the verb **τρώω** in the present and in the instantaneous (simple) past, now let's see it in the instantaneous (simple) future and in the subjunctive.

	<u>Στιγμιαίος μέλλοντας</u> <u>*Instantaneous future*</u>	<u>Στιγμιαία υποτακτική</u> <u>*Instantaneous subjunctive*</u>		
εγώ	**θα φάω**	να φάω	ας φάω	όταν φάω
εσύ	θα φας	να φας	ας φας	όταν φας
αυτός	θα φάει	να φάει	ας φάει	όταν φάει
εμείς	θα φάμε	να φάμε	ας φάμε	όταν φάμε
εσείς	θα φάτε	να φάτε	ας φάτε	όταν φάτε
αυτοί	θα φάνε	να φάνε	ας φάνε	όταν φάνε

Τώρα ας κλίνουμε μερικά από τα ουσιαστικά του διαλόγου. – Now let's decline some of the nouns found in the dialogue.

Singular

Nom.	**η εβδομάδα** *(fem.)*	**η ιδέα** *(fem.)*	**το κοτόπουλο** *(neut.)*
Gen.	της εβδομάδας	της ιδέας	του κοτόπουλου
Acc.	την εβδομάδα	την ιδέα	το κοτόπουλο
Voc.	εβδομάδα	ιδέα	κοτόπουλο

Plural

Nom.	οι εβδομάδες	οι ιδέες	τα κοτόπουλα
Gen.	των εβδομάδων	των ιδεών	των κοτόπουλων
Acc.	τις εβδομάδες	τις ιδέες	τα κοτόπουλα
Voc.	εβδομάδες	ιδέες	κοτόπουλα

Singular

Nom.	**το λάθος** *(neut.)*	**η πατάτα** *(fem.)*	**το φαγητό** *(neut.)*
Gen.	του λάθους	της πατάτας	του φαγητού
Acc.	το λάθος	την πατάτα	το φαγητό
Voc.	λάθος	πατάτα	φαγητό

Plural

Nom.	τα λάθη	οι πατάτες	τα φαγητά
Gen.	των λαθών	των πατατών	των φαγητών
Acc.	τα λάθη	τις πατάτες	τα φαγητά
Voc.	λάθη	πατάτες	φαγητά

ΑΣΚΗΣΕΙΣ – EXERCISES

A. Αντιστοίχισε κάθε ερώτηση με τη σωστή απάντηση. – Match each question to the right answer.

1. Πότε θα φάμε;

   Όχι ακόμα.
   Not yet

2. Πότε φάγαμε φασολάδα;

   Σε λίγο.
   In a little bit.

3. Θέλεις μακαρονάδα;

   Ναι, πεινάμε πολύ.

4. Παιδιά, πεινάτε;

   Προχτές.

5. Τι φαγητό έχετε;

   Πατάτες.

6. Το φαγητό είναι έτοιμο;

   Όχι, δε θέλω.

B. Βάλε τα ουσιαστικά στον πληθυντικό. – Put the nouns in the plural.

1. το φαγητό → _____

2. το κοτόπουλο → _____

3. η πατάτα → _____

4. το λάθος → _____

5. η εβδομάδα → _____

6. η μακαρονάδα → _____

7. η ιδέα → _____

C. Βάλε το επίθετο στο σωστό πρόσωπο. – Put the adjective in the right person.

1. Η μακαρονάδα είναι _____ . *(έτοιμος)*

2. Το φαγητό είναι πολύ _____ . *(ζεστός)*

3. Αυτή είναι μια πολύ _____ ιδέα. *(καλός)*

4. Αυτό το βιβλίο είναι πολύ _____ . *(καλός)*

5. Εύα, είσαι _____ ; *(έτοιμος)*

6. Αυτές οι μπλούζες είναι πολύ _____ . *(ωραίος)*

7. Αυτή την εβδομάδα, ο καιρός είναι _____ . *(ζεστός)*

8. Οι πατάτες είναι _____ . *(έτοιμος)*

D. Βάλε τις φράσεις στον ενικό. – Put the phrases in the singular. (Remember, the adjective must agree with the noun in number and in gender.)

1. τα ζεστά φαγητά → _____

2. τα μεγάλα λάθη → _____

3. οι καλές ιδέες → _____

4. οι ζεστές πατάτες → _____

5. τα καλά παιδιά → _____

6. οι προηγούμενες εβδομάδες → _____

7. οι ωραίες μέρες → _____

ΛΥΣΕΙΣ ΤΩΝ ΑΣΚΗΣΕΩΝ – ANSWERS TO THE EXERCISES

A. 1. Πότε θα φάμε; - Σε λίγο.
    2. Πότε φάγαμε φασολάδα; - Προχτές.
    3. Θέλεις μακαρονάδα; - Όχι, δε θέλω.
    4. Παιδιά, πεινάτε; - Ναι, πεινάμε πολύ.
    5. Τι φαγητό έχετε; - Πατάτες.
    6. Το φαγητό είναι έτοιμο; - Όχι ακόμα.

B. 1. τα φαγητά   5. οι εβδομάδες
    2. τα κοτόπουλα   6. οι μακαρονάδες
    3. οι πατάτες   7. οι ιδέες
    4. τα λάθη

C. 1. έτοιμη   5. έτοιμη
    2. ζεστό   6. ωραίες
    3. καλή   7. ζεστός
    4. καλό   8. έτοιμες

D. 1. το ζεστό φαγητό   5. το καλό παιδί
    2. το μεγάλο λάθος   6. η προηγούμενη εβδομάδα
    3. η καλή ιδέα   7. η ωραία μέρα
    4. η ζεστή πατάτα

8. Διακοπές – Vacation

Γιώργος: Μαργαρίτα, πού θα πάτε διακοπές το καλοκαίρι;

Μαργαρίτα: Στα νησιά.

Γιώργος: Πού ακριβώς;

Μαργαρίτα: Στην Κέρκυρα και στη Ζάκυνθο. Ίσως και στην Κεφαλονιά.

Γιώργος: Α, στο Ιόνιο! Είναι πολύ ωραία εκεί.

Μαργαρίτα: Έχεις πάει;

Γιώργος: Ναι, πολλές φορές. Η μαμά μου είναι από τη Ζάκυνθο.

Μαργαρίτα: Εσείς πού θα πάτε;

Γιώργος: Εμείς θα πάμε στο εξωτερικό, στην Ιρλανδία.

Μαργαρίτα: Τι ωραία! Έχω δει πολλές φωτογραφίες της Ιρλανδίας. Φαίνεται πανέμορφη.

Γιώργος: Ναι, λένε ότι είναι πολύ όμορφη χώρα.

Μαργαρίτα: Καλά να περάσετε.

Γιώργος: Κι εσείς. Καλές διακοπές!

ΛΕΞΙΛΟΓΙΟ – VOCABULARY

οι διακοπές = vacation	In the singular, **η διακοπή** means interruption. In the plural, **οι διακοπές** can mean **interruptions** or **vacation**. To refer to vacation, always use the plural.
πού θα πάτε διακοπές; = where will you go on vacation?	πάω διακοπές = to go on vacation
το καλοκαίρι = summer	from **καλός** + **καιρός** (good weather; so summer is the season of good weather)
τα νησιά = islands	*sing.* το νησί = island στα νησιά = to the islands
ακριβώς = *(adv.)* exactly	
η Κέρκυρα = Corfu	
η Ζάκυνθος = Zakynthos	*Note the masculine ending in Ζάκυνθος. The names of many Greek islands end in -ος (η Μύκονος, η Δήλος, η Πάρος, η Νάξος, etc.), so they are inflected like masculine nouns. However, the gender of the word does not change, so the feminine article is used. If there is an adjective (e.g. η όμορφη Ζάκυνθος), it must also agree in gender with the noun, so it is feminine too.*
ίσως = perhaps	ίσως και … = perhaps also
η Κεφαλονιά = Cephalonia / Kefalonia	
το Ιόνιο = Ionian Sea	**το Ιόνιο** is short for **το Ιόνιο Πέλαγος** Similarly, **το Αιγαίο** is short for **το Αιγαίο Πέλαγος**.
εκεί = there	*opp.* εδώ = here
έχεις πάει; = have you been (there)? (*lit.:* have you gone?)	**έχω πάει** is the present perfect (παρακείμενος) of **πάω / πηγαίνω**
πολλές φορές = many times	η φορά = time μία φορά = once δύο φορές = twice

στο εξωτερικό = abroad	*As an adjective:* εξωτερικός – εξωτερική – εξωτερικό = external
η Ιρλανδία = Ireland	
φαίνεται = it seems *(also, in a different context:* it is visible*)*	φαίνομαι = to seem, to be visible
λένε = they say	*v.* λέω = to say
η χώρα = country	
καλές διακοπές = enjoy your vacation *(lit.: good vacation)*	

ΓΡΑΜΜΑΤΙΚΗ – GRAMMAR

Ας κλίνουμε μερικά από τα ρήματα του διαλόγου. – Let's conjugate some of the verbs found in the dialogue.

Ενεστώτας
Simple present

εγώ	**λέω**	**φαίνομαι** *(passive voice)*
εσύ	λες	φαίνεσαι
αυτός	λέει	φαίνεται
εμείς	λέμε	φαινόμαστε
εσείς	λέτε	φαίνεστε / φαινόσαστε*
αυτοί	λένε	φαίνονται

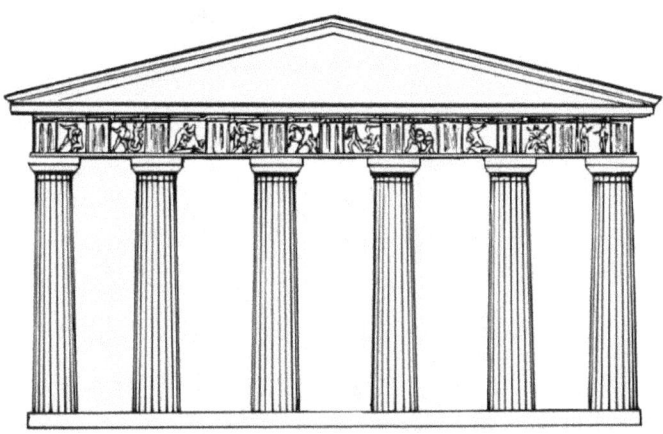

* *informal*

In this dialogue we saw the form **έχω πάει** (I have gone), which is the present perfect (παρακείμενος) of the verb **πάω / πηγαίνω**, and **θα πάμε** (we will go) / **θα πάτε** (you all will go), which is the instantaneous future of **πάω / πηγαίνω**.

When conjugating the verb in the present perfect (**έχω πάει**), we only conjugate the auxiliary **έχω**, while **πάει** stays the same (similar to English: I have gone, you have gone, he has gone; *have* becomes *has*, but *gone* remains the same). Let's conjugate the verb πάω / πηγαίνω in the present, the present perfect and the instantaneous future:

	<u>*Ενεστώτας*</u> <u>*Simple present*</u>	<u>*Παρακείμενος*</u> <u>*Present perfect*</u>	<u>*Στιγμιαίος μέλλοντας*</u> <u>*Instantaneous future*</u>
εγώ	**πάω / πηγαίνω**	έχω πάει	θα πάω
εσύ	πας / πηγαίνεις	έχεις πάει	θα πας
αυτός	πάει / πηγαίνει	έχει παει	θα πάει
εμείς	πάμε / πηγαίνουμε	έχουμε πάει	θα πάμε
εσείς	πάτε / πηγαίνετε	έχετε πάει	θα πάτε
αυτοί	πάνε / πηγαίνουν /πηγαίνουνε*	έχουν πάει / έχουνε* πάει	θα πάνε

In the dialogue we also have **έχω δει** (I have seen), which is the present perfect of the verb **βλέπω** (I see). Let's conjugate βλέπω in the present tense and in the present perfect. Again, in the present perfect, only the auxiliary verb **έχω** is conjugated.

	<u>*Ενεστώτας*</u> <u>*Simple present*</u>	<u>*Παρακείμενος*</u> <u>*Present perfect*</u>
εγώ	**βλέπω**	έχω δει
εσύ	βλέπεις	έχεις δει
αυτός	βλέπει	έχει δει
εμείς	βλέπουμε	έχουμε δει
εσείς	βλέπετε	έχετε δει
αυτοί	βλέπουν / βλέπουνε*	έχουν δει / έχουνε* δει

* informal

Τώρα ας κλίνουμε μερικά από τα ουσιαστικά του διαλόγου. – Now let's decline some of the nouns found in the dialogue.

Singular

Nom.	**η διακοπή *(fem.)*** = interruption	**το καλοκαίρι *(neut.)***
Gen.	της διακοπής	του καλοκαιριού
Acc.	τη διακοπή	το καλοκαίρι
Voc.	διακοπή	καλοκαίρι

Plural

Nom.	οι διακοπές = *interruptions, vacation*	τα καλοκαίρια
Gen.	των διακοπών	των καλοκαιριών
Acc.	τις διακοπές	τα καλοκαίρια
Voc.	διακοπές	καλοκαίρια

Singular

Nom.	**το νησί *(neut.)***	**η φορά *(fem.)***	**η χώρα *(fem.)***
Gen.	του νησιού	της φοράς	της χώρας
Acc.	το νησί	τη φορά	τη χώρα
Voc.	νησί	φορά	χώρα

Plural

Nom.	τα νησιά	οι φορές	οι χώρες
Gen.	των νησιών	των φορών	των χωρών
Acc.	τα νησιά	τις φορές	τις χώρες
Voc.	νησιά	φορές	χώρες

In the text we saw the phrase **πολλές φορές** (many times). Note that **πολλές** is an adjective, so it has to agree with the noun in gender and number. **Φορές** is feminine plural, so **πολλές** is also feminine plural.

	Masc.	_Fem._	_Neut._	
Singular	**πολύς**	**πολλή**	**πολύ**	= much
Plural	**πολλοί**	**πολλές**	**πολλά**	= many

Examples:

ο πολύς κόσμος _(a lot of people)_

οι πολλοί άνδρες _(many men)_

η πολλή ώρα _(much time, a long time)_

οι πολλές κιθάρες _(many guitars)_

το πολύ νερό _(a lot of water)_

τα πολλά βιβλία _(many books)_

The adjective **πολύς – πολλή – πολύ** is <u>not</u> the same as the adverb **πολύ**, which always stays the same (no gender or number, as it is an adverb).

Examples:

πολύ όμορφος κόσμος _(masc. sing.)_	(very beautiful world)
πολύ ικανή γυναίκα _(fem. sing.)_	(very capable woman)
πολύ μικρό σπίτι _(neut. sing.)_	(very small house)
πολύ καλοί άνθρωποι _(masc. pl.)_	(very good people)
πολύ δύσκολες ασκήσεις _(fem. pl.)_	(very difficult exercises)
πολύ έξυπνα παιδιά _(neut. pl.)_	(very smart children)

ΑΣΚΗΣΕΙΣ – EXERCISES

Α. Βάλε τα ουσιαστικά στον ενικό. – Put the nouns in the singular.

1. τα καλοκαίρια → _____

2. τα μεσημέρια → _____

3. τα αστέρια → _____

4. τα νησιά → _____

5. τα παιδιά → _____

6. τα κλειδιά → _____

7. οι φορές → _____

8. οι λεμονιές → _____
   lemon trees

9. οι φωτογραφίες → _____

10. οι μπαταρίες → _____

11. οι ημερομηνίες → _____
    dates

12. οι χώρες → _____

13. οι ώρες → _____

14. οι μέρες → _____

B. Αντιστοίχισε κάθε ερώτηση με τη σωστή απάντηση. – Match each question to the right answer.

1. Πού πας, Κώστα;   Θα πάει στην Ιρλανδία.

2. Τι θα κάνετε το καλοκαίρι;   Ναι, δύο φορές.

3. Πού θα πάει διακοπές ο Αλέξανδρος;   Στο σούπερ μάρκετ.

4. Έχεις πάει στη Σαντορίνη;   Από την Κέρκυρα.

5. Πού είναι η Ζάκυνθος;   Θα πάμε διακοπές.

6. Από πού είναι η Μάγδα;   Είναι στο Ιόνιο.

C. Βάλε τα ρήματα στο 1º πρόσωπο του πληθυντικού. Μην αλλάξεις τον χρόνο.
– Put the verbs in the 1st person plural. Do not change the tense.

e.g. πάω → _____πάμε_____

1. είναι → _____

2. έχω πάει → _____

3. θα πάτε → _____

4. έχω δει → _____

5. φαίνεται → _____

6. λένε → _____

D. Σε καθεμιά από τις παρακάτω προτάσεις υπάρχει ένα λάθος. Βρες το και ξαναγράψε την πρόταση σωστά. – In each of the following sentences there is one error. Find it and rewrite the sentence correctly.

1. Πού θα πας διακοπή το καλοκαίρι;

   _____

2. Πού ακριβώς είναι ο Ζάκυνθος;

   _____

3. Βλέπω φωτογραφίες της Ελλάδα.

   _____

4. Η Ισπανία είναι πολύ όμορφα χώρα.

   _____

5. Οι μαμά μου είναι από τη Σουηδία.
   Sweden

   _____

6. Λένε ότι τα νησιά στο Ιόνιο είμαστε πολύ όμορφα.

   _____

ΛΥΣΕΙΣ ΤΩΝ ΑΣΚΗΣΕΩΝ – ANSWERS TO THE EXERCISES

A. 1. το καλοκαίρι
    2. το μεσημέρι
    3. το αστέρι
    4. το νησί
    5. το παιδί
    6. το κλειδί
    7. η φορά
    8. η λεμονιά
    9. η φωτογραφία
    10. η μπαταρία
    11. η ημερομηνία
    12. η χώρα
    13. η ώρα
    14. η μέρα

B. 1. Πού πας, Κώστα; - Στο σούπερ μάρκετ.
    2. Τι θα κάνετε το καλοκαίρι; - Θα πάμε διακοπές.
    3. Πού θα πάει διακοπές ο Αλέξανδρος; - Θα πάει στην Ιρλανδία.
    4. Έχεις πάει στη Σαντορίνη; - Ναι, δύο φορές.
    5. Πού είναι η Ζάκυνθος; - Είναι στο Ιόνιο.
    6. Από πού είναι η Μάγδα; - Από την Κέρκυρα.

C. 1. είμαστε
    2. έχουμε πάει
    3. θα πάμε
    4. έχουμε δει
    5. φαινόμαστε
    6. λέμε

D. 1. διακοπή → διακοπές
    2. ο → η
    3. Ελλάδα → Ελλάδας
    4. όμορφα → όμορφη
    5. οι → η
    6. είμαστε → είναι

9. Το διάβασμα – Reading

Μαρία: Τι διαβάζεις, Θοδωρή;

Θοδωρής: Ένα μυθιστόρημα.

Μαρία: Σ' αρέσουν τα μυθιστορήματα;

Θοδωρής: Πάρα πολύ. Εσένα;

Μαρία: Κι εμένα, ειδικά τα ιστορικά μυθιστορήματα. Όμως προτιμώ τις ποιητικές συλλογές.

Θοδωρής: Αλήθεια; Σ' αρέσει η ποίηση;

Μαρία: Ναι, πολύ. Μάλιστα γράφω κι εγώ ποιήματα όταν έχω έμπνευση.

Θοδωρής: Πες μου ένα!

Μαρία: Δεν τα θυμάμαι απ' έξω.

Θοδωρής: Μήπως ντρέπεσαι;

Μαρία: Ναι, το παραδέχομαι. Ντρέπομαι λιγάκι.

ΛΕΞΙΛΟΓΙΟ – VOCABULARY

διαβάζεις = you read, you are reading	v. διαβάζω = to read
Θοδωρή : vocative of **ο Θοδωρής**	**Θοδωρής** is the shorter/more affectionate version of **Θεόδωρος**, which comes from **Θεός** (God) + **δώρο** (gift), i.e. God's gift. Another short version is **Θόδωρος**.
το μυθιστόρημα = novel	
σ' αρέσουν; = do you like them?	
εσένα : accusative of **εσύ**	We use the accusative because we are implying "Εσένα σου αρέσουν", and **αρέσουν** goes with accusative, i.e. αρέσουν σε **εσένα**.
εμένα : accusative of **εγώ**	We use accusative here too; this refers to **αρέσουν**, "κι εμένα μου αρέσουν" (I like them too). Think of it as "they are pleasing to <u>me</u> too", i.e. just like in English we use "me" and not "I".
ειδικά = *(adv.)* especially	
τα ιστορικά μυθιστορήματα = historical novels	
ιστορικά = *(adj. neut. pl.)* historic, historical	ιστορικός – ιστορική – ιστορικό ιστορικοί – ιστορικές – ιστορικά
προτιμώ = I prefer	
οι ποιητικές συλλογές = poetry collections	**τις ποιητικές συλλογές** is plural accusative *sing. nom.* η ποιητική συλλογή
ποιητικές = *(adj. fem. pl.)* poetic	ποιητικός – ποιητική – ποιητικό ποιητικοί – ποιητικές – ποιητικά
οι συλλογές = collections	*sing.* η συλλογή
αλήθεια; = really? *(implied: αυτό είναι αλήθεια; = is this true?)*	η αλήθεια = truth
η ποίηση = poetry	

μάλιστα = in fact

γράφω = I write

τα ποιήματα = poems | *sing.* το ποίημα = poem

έχω έμπνευση = I feel inspired *(lit.:* I have inspiration) | η έμπνευση = inspiration

πες μου = tell me | **πες** is the inst. imperative of **λες** (you say) *pl.* **πείτε / πέστε**

θυμάμαι = I remember

απ' έξω = by heart | **απ'** is short for **από** (from) έξω = out, outside

μήπως = by any chance

ντρέπεσαι = you are shy | *v.* ντρέπομαι = to be shy, to be ashamed, to be embarrassed

το παραδέχομαι = I admit it

ΓΡΑΜΜΑΤΙΚΗ – GRAMMAR

Ας κλίνουμε μερικά από τα ρήματα του διαλόγου. – Let's conjugate some of the verbs found in the dialogue.

Ενεστώτας
Simple present

εγώ	**αρέσω**	**γράφω**	**διαβάζω**
εσύ	αρέσεις	γράφεις	διαβάζεις
αυτός	αρέσει	γράφει	διαβάζει
εμείς	αρέσουμε	γράφουμε	διαβάζουμε
εσείς	αρέσετε	γράφετε	διαβάζετε
αυτοί	αρέσουν / αρέσουνε	γράφουν / γράφουνε	διαβάζουν / διαβάζουνε

εγώ	**θυμάμαι** (passive voice)	**ντρέπομαι** (passive voice)
εσύ	θυμάσαι	ντρέπεσαι
αυτός	θυμάται	ντρέπεται
εμείς	θυμόμαστε	ντρεπόμαστε
εσείς	θυμάστε / θυμόσαστε*	ντρέπεστε / ντρεπόσαστε*
αυτοί	θυμούνται	ντρέπονται

* *informal*

Ενεστώτας
Simple present

	παραδέχομαι *(passive voice)*	**προτιμάω / προτιμώ**
εγώ		
εσύ	παραδέχεσαι	προτιμάς
αυτός	παραδέχεται	προτιμάει / προτιμά
εμείς	παραδεχόμαστε	προτιμάμε / προτιμούμε
εσείς	παραδέχεστε / παραδεχόσαστε*	προτιμάτε
αυτοί	παραδέχονται	προτιμάνε / προτιμούν / προτιμούνε

Τώρα ας κλίνουμε μερικά από τα ουσιαστικά του διαλόγου. – Now let's decline some of the nouns found in the dialogue.

Singular

Nom.	το μυθιστόρημα	η συλλογή	το ποίημα
Gen.	του μυθιστορήματος	της συλλογής	του ποιήματος
Acc.	το μυθιστόρημα	τη συλλογή	το ποίημα
Voc.	μυθιστόρημα	συλλογή	ποίημα

Plural

Nom.	τα μυθιστορήματα	οι συλλογές	τα ποιήματα
Gen.	των μυθιστορημάτων	των συλλογών	των ποιημάτων
Acc.	τα μυθιστορήματα	τις συλλογές	τα ποιήματα
Voc.	μυθιστορήματα	συλλογές	ποιήματα

informal

ΑΣΚΗΣΕΙΣ – EXERCISES

A. In the grammar section, we declined **το μυθιστόρημα** and **η συλλογή**. Decline "**το ιστορικό μυθιστόρημα**" and "**η ποιητική συλλογή**", keeping in mind the adjective-noun agreement.

Ενικός - Singular

το ιστορικό μυθιστόρημα   η ποιητική συλλογή

Πληθυντικός - Plural

B. Αντιστοίχισε κάθε ερώτηση με τη σωστή απάντηση. – Match each question to the right answer.

1. Σ' αρέσουν τα ποιήματα;   Τα ποιήματα.

2. Σ' αρέσει αυτό το βιβλίο;   Ένα ποίημα.

3. Προτιμάς τα ποιήματα ή   Ναι, μ' αρέσουν πολύ.
   τα μυθιστορήματα;

4. Τι διαβάζεις;   Ναι, μου αρέσει.

5. Πες μου ένα παραμύθι!   Δεν ξέρω παραμύθια.
   fairy tale

C. Βάλε τα ρήματα στο σωστό πρόσωπο. – Put the verbs in the right person.

1. Η Καλλιόπη _____ πολλά βιβλία. *(διαβάζω)*

2. Τα παιδιά _____ κάθε μέρα. *(διαβάζω)*

3. Τι _____, παιδιά; Το παιχνίδι ή το διάβασμα; *(προτιμώ)*
                                   playing   *reading*
                                 (also: game, toy)

4. Σου _____ η φασολάδα; *(αρέσω)*

5. Μου _____ πολύ τα μακαρόνια. *(αρέσω)*
                                   spaghetti

6. Σε ποιον _____ γράμμα, Ελένη; *(γράφω)*
      To whom   *letter*

7. _____ γράμμα στη μαμά μου. *(γράφω)*

8. Ο Γιώργος _____ ποιήματα όταν _____ έμπνευση.
   (γράφω, έχω)

9. Κώστα, _____ το τηλέφωνο του Παναγιώτη;
   Όχι, δυστυχώς δεν το _____. *(θυμάμαι [use it twice])*

10. Ο Αλέξης _____ ότι δεν του αρέσει το σχολείο.
    (παραδέχομαι)   *school*

D. Βάλε τις λέξεις στη σωστή σειρά για να φτιάξεις προτάσεις. – Put the words in the right order to make sentences.

1. ένα – διαβάζει – Μαρίνα – βιβλίο - Η

   _____

2. αρέσουν – μυθιστορήματα – Δεν – τα – μου

   _____

3. έμπνευση – δεν – Σήμερα – έχω

   _____

4. αρέσει – ότι – μου – διάβασμα – Παραδέχομαι – δεν – το

   _____

5. το – βιβλίου – Δε – όνομα – του – θυμάμαι

   _____

ΛΥΣΕΙΣ ΤΩΝ ΑΣΚΗΣΕΩΝ – ANSWERS TO THE EXERCISES

A. το ιστορικό μυθιστόρημα η ποιητική συλλογή
    του ιστορικού μυθιστορήματος της ποιητικής συλλογής
    το ιστορικό μυθιστόρημα την ποιητική συλλογή
    ιστορικό μυθιστόρημα ποιητική συλλογή

    τα ιστορικά μυθιστορήματα οι ποιητικές συλλογές
    των ιστορικών μυθιστορημάτων των ποιητικών συλλογών
    τα ιστορικά μυθιστορήματα τις ποιητικές συλλογές
    ιστορικά μυθιστορήματα ποιητικές συλλογές

B. 1. Σ' αρέσουν τα ποιήματα; - Ναι, μ' αρέσουν πολύ.
    2. Σ' αρέσει αυτό το βιβλίο; - Ναι, μου αρέσει.
    3. Προτιμάς τα ποιήματα ή τα μυθιστορήματα; - Τα ποιήματα.
    4. Τι διαβάζεις; - Ένα ποίημα.
    5. Πες μου ένα παραμύθι! – Δεν ξέρω παραμύθια.

C. 1. διαβάζει   6. γράφεις
    2. διαβάζουν   7. Γράφω
    3. προτιμάτε   8. γράφει, έχει
    4. αρέσει   9. θυμάσαι, θυμάμαι
    5. αρέσουν   10. παραδέχεται

D. 1. Η Μαρίνα διαβάζει ένα βιβλίο.
    2. Δεν μου αρέσουν τα μυθιστορήματα.
    3. Σήμερα δεν έχω έμπνευση.
    4. Παραδέχομαι ότι δεν μου αρέσει το διάβασμα.
    5. Δε θυμάμαι το όνομα του βιβλίου.

10. Το άλογο – The horse

Γιαννάκης: Μαμά, θέλω άλογο.

Μαμά: Άλογο; Τι να το κάνεις, παιδί μου, το άλογο;

Γιαννάκης: Θέλω ένα κατοικίδιο.

Μαμά: Ε, τότε να σου πάρω μια γάτα ή ένα χάμστερ.

Γιαννάκης: Άλογο θέλω.

Μαμά: Μα μένουμε σε διαμέρισμα, Γιαννάκη! Πού θα το βάλεις το άλογο; Στο μπαλκόνι;

Γιαννάκης: Ακριβώς!

Μαμά: Έχεις ξαναδεί άλογο σε μπαλκόνι;

Γιαννάκης: Όχι. Όμως έχουμε ωραία θέα. Θα του αρέσει.

Μαμά: Και θα το πηγαίνεις βόλτα στο πάρκο;

Γιαννάκης: Ναι, στο πάρκο και στο σχολείο.

Μαμά: Εγώ προτείνω να πάρουμε ένα μικρότερο ζωάκι, κι όταν μεγαλώσεις λίγο το ξανασυζητάμε.

ΛΕΞΙΛΟΓΙΟ – VOCABULARY

παιδί μου = my child	το παιδί = child
τι να το κάνεις; = to do what with it? / what would you do with it?	*similar to:* τι θα το κάνεις; = what will you do with it?
το κατοικίδιο = pet *implied:* το κατοικίδιο ζώο = domestic animal	
τότε = then	
να σου πάρω = let me buy/get you	v. παίρνω = to take *also used as "to buy"* **να πάρω** is the instantaneous subjunctive of **παίρνω**
η γάτα = cat	
το χάμστερ = hamster	
άλογο θέλω : similar to **θέλω άλογο** but the emphasis here is on **άλογο**, i.e. it's a horse that I want	
το διαμέρισμα = apartment	
πού θα το βάλεις; = where will you put it?	**θα βάλεις** is the instantaneous future of **βάζεις** (you put) v. βάζω = to put
το μπαλκόνι = balcony	
έχεις ξαναδεί …; = have you seen before	**έχεις ξαναδεί** is the present perfect (παρακείμενος) of **ξαναβλέπεις** v. ξαναβλέπω = to see again *from* ξανά *(again)* + βλέπω *(see)*
η θέα = view	
θα το πηγαίνεις = you will take it	**πηγαίνω** without object means **to go**. **πηγαίνω + object** means to take something/somebody somewhere *e.g.* πηγαίνω το παιδί στο σχολείο (I take the child to school), πηγαίνω τον σκύλο βόλτα (I take the dog for a walk)
το πάρκο = park	

προτείνω = I propose, I suggest	
μικρότερο = *(comp. adj. neut.)* smaller	μικρότερος – μικρότερη – μικρότερο : *comparative of* μικρός – μικρή – μικρό
το ζωάκι = small animal (*or affectionate way to say* το ζώο)	
όταν μεγαλώσεις = when you grow up	**μεγαλώσεις**: inst. subjunctive of **μεγαλώνεις** (you grow up). *v.* μεγαλώνω = to grow up Remember: μεγάλος = big, old
το ξανασυζητάμε = we (will) discuss it again	ξανά (again) + συζητάω/συζητώ (to discuss) η συζήτηση = discussion

ΓΡΑΜΜΑΤΙΚΗ – GRAMMAR

Ας κλίνουμε μερικά από τα ρήματα του διαλόγου. – Let's conjugate some of the verbs found in the dialogue.

Ενεστώτας
Simple present

εγώ	**προτείνω**	**μεγαλώνω**	**συζητάω / συζητώ**
εσύ	προτείνεις	μεγαλώνεις	συζητάς
αυτός	προτείνει	μεγαλώνει	συζητάει / συζητά
εμείς	προτείνουμε	μεγαλώνουμε	συζητάμε / συζητούμε
εσείς	προτείνετε	μεγαλώνετε	συζητάτε
αυτοί	προτείνουν / προτείνουνε*	μεγαλώνουν / μεγαλώνουνε*	συζητάνε / συζητούν / συζητούνε*

In the dialogue we also have the verbs **κάνω** and **θα πάρω** (instantaneous future of **παίρνω**), which we have conjugated in prior chapters.

In prior chapters we have also encountered **έχω δει** (I have seen – which is the present perfect of **βλέπω**). Here we have **έχω ξαναδεί** (I have seen before, I have seen again - present perfect of **ξαναβλέπω**). Έχω ξαναδεί is conjugated in the same way as **έχω δει**, we just add "ξανά".

* *informal*

Τώρα ας κλίνουμε μερικά από τα ουσιαστικά του διαλόγου. – Now let's decline some of the nouns found in the dialogue.

Singular

Nom.	**το άλογο**	η γάτα	το διαμέρισμα
Gen.	του αλόγου	της γάτας	του διαμερίσματος
Acc.	το άλογο	τη γάτα	το διαμέρισμα
Voc.	άλογο	γάτα	διαμέρισμα

Plural

Nom.	τα άλογα	οι γάτες	τα διαμερίσματα
Gen.	των αλόγων	των γατών	των διαμερισμάτων
Acc.	τα άλογα	τις γάτες	τα διαμερίσματα
Voc.	άλογα	γάτες	διαμερίσματα

Singular

Nom.	**το ζώο**	η θέα	το μπαλκόνι
Gen.	του ζώου	της θέας	του μπαλκονιού
Acc.	το ζώο	τη θέα	το μπαλκόνι
Voc.	ζώο	θέα	μπαλκόνι

Plural

Nom.	τα ζώα	οι θέες	τα μπαλκόνια
Gen.	των ζώων	-	των μπαλκονιών
Acc.	τα ζώα	τις θέες	τα μπαλκόνια
Voc.	ζώα	θέες	μπαλκόνια

Singular

Nom.	**το πάρκο**	**το σχολείο**
Gen.	του πάρκου	του σχολείου
Acc.	το πάρκο	το σχολείο
Voc.	πάρκο	σχολείο

Plural

Nom.	τα πάρκα	τα σχολεία
Gen.	των πάρκων	των σχολείων
Acc.	τα πάρκα	τα σχολεία
Voc.	πάρκα	σχολεία

ΑΣΚΗΣΕΙΣ – EXERCISES

Α. Βάλε τα ουσιαστικά στον πληθυντικό. – Put the nouns in the plural.

1. το άλογο → _____

2. το παιδί → _____

3. η γάτα → _____

4. το διαμέρισμα → _____

5. το μπαλκόνι → _____

6. η βόλτα → _____

7. το πάρκο → _____

8. το σχολείο → _____

9. το ζωάκι → _____

10. το κατοικίδιο → _____

B. Βάλε τα ρήματα στο 2º πρόσωπο του ενικού, χωρίς να αλλάξεις τον χρόνο. – Put the verbs in the 2nd person singular, without changing the tense.

1. θέλω → _____

2. κάνω → _____

3. θα πάρω → _____

4. μένουμε → _____

5. βάζουνε → _____

6. έχετε ξαναδεί → _____

7. πηγαίνετε → _____

8. προτείνω → _____

9. θα μεγαλώσουν → _____

10. ξανασυζητάμε → _____

C. Συμπλήρωσε τα κενά με τις λέξεις στο πλαίσιο. – Fill in the blanks with the words in the box.

> σχολείο - βόλτα - θέα - κατοικίδιο - διαμέρισμα

1. Θέλω ένα _____.

2. Έχουμε ωραία _____ από το μπαλκόνι.

3. Μένω σε _____.

4. Πηγαίνουμε _____ στο πάρκο.

5. Το σαββατοκύριακο δεν έχουμε _____.

D. Βάλε τις φράσεις στον ενικό. Θυμήσου ότι το επίθετο πρέπει να συμφωνεί με το ουσιαστικό. – Put the phrases in the singular. Remember that the adjective must agree with the noun.

1. η μαύρη γάτα → _____

2. τα άσπρα χάμστερ → _____
   white

3. τα μικρά διαμερίσματα → _____

4. τα μεγάλα μπαλκόνια → _____

5. τα όμορφα πάρκα → _____

6. τα καλά σχολεία → _____

7. τα κατοικίδια ζώα → _____

8. τα γρήγορα άλογα → _____
   fast

ΛΥΣΕΙΣ ΤΩΝ ΑΣΚΗΣΕΩΝ – ANSWERS TO THE EXERCISES

A. 1. τα άλογα
    2. τα παιδιά
    3. οι γάτες
    4. τα διαμερίσματα
    5. τα μπαλκόνια
    6. οι βόλτες
    7. τα πάρκα
    8. τα σχολεία
    9. τα ζωάκια
    10. τα κατοικίδια

B. 1. θέλεις
    2. κάνεις
    3. θα πάρεις
    4. μένεις
    5. βάζεις
    6. έχεις ξαναδεί
    7. πηγαίνεις
    8. προτείνεις
    9. θα μεγαλώσεις
    10. ξανασυζητάς

C. 1. κατοικίδιο
    2. θέα
    3. διαμέρισμα
    4. βόλτα
    5. σχολείο

D. 1. η μαύρη γάτα
    2. το άσπρο χάμστερ
    3. το μικρό διαμέρισμα
    4. το μεγάλο μπαλκόνι
    5. το όμορφο πάρκο
    6. το καλό σχολείο
    7. το κατοικίδιο ζώο
    8. το γρήγορο άλογο

11. Στην καφετέρια – At the coffee shop

Γκαρσόν: Τι θα πάρετε, παρακαλώ;

Κατερίνα: Ένα φραπέ, γλυκό με γάλα.

Γκαρσόν: Εσείς;

Όλγα: Εγώ έναν ελληνικό, σκέτο.

Γκαρσόν: Ωραία. Ένα φραπέ γλυκό με γάλα κι έναν ελληνικό σκέτο. Κάτι άλλο;

Κατερίνα: Προς το παρόν όχι.

Γκαρσόν: Εντάξει.

Κατερίνα: Όλγα, από πότε πίνεις σκέτο τον καφέ;

Όλγα: Από την περασμένη βδομάδα. Έχω κόψει τη ζάχαρη.

Κατερίνα: Πώς κι έτσι;

Όλγα: Κάνω δίαιτα. Εξάλλου, η ζάχαρη δεν είναι καθόλου υγιεινή.

Κατερίνα: Σ' αυτό έχεις δίκιο. Δεν κάνει καλό στην υγεία. Πρέπει κι εγώ να την κόψω.

ΛΕΞΙΛΟΓΙΟ – VOCABULARY

το γκαρσόν = waiter *syn.:* ο σερβιτόρος	
τι θα πάρετε; = what will you have? (*lit.:* what will you take?)	**θα πάρετε**: inst. future of **παίρνετε** *v.* παίρνω = to take
παρακαλώ = please	in a different context, παρακαλώ can also mean *you're welcome* or *to beg, to request*
το φραπέ = frappé (shaken iced coffee)	
γλυκό = *(adj. neut.)* sweet	γλυκός – γλυκιά – γλυκό
το γάλα = milk	
έναν ελληνικό = [*implied:* έναν ελληνικό καφέ] *(acc.)* a Greek coffee	*nom.* ο ελληνικός καφές ο καφές = coffee ελληνικός – ελληνική – ελληνικό = Greek
σκέτο = *(adj. masc. acc.)* plain when used with "καφές" it means "black"	σκέτος – σκέτη – σκέτο
ωραία = *(adv.)* nice	
κάτι άλλο; = anything else? (*lit.:* "something else?")	κάτι = something άλλος – άλλη – άλλο άλλοι – άλλες – άλλα = other
προς το παρόν = for now, for the time being	το παρόν = the present (time)
από πότε = since when	
πίνεις = you drink	*v.* πίνω = to drink
από την περασμένη βδομάδα = since last week	περασμένος – περασμένη – περασμένο = past η εβδομάδα / η βδομάδα = week
έχω κόψει = I have given up / quit	*v.* κόβω = to cut, quit, give up
η ζάχαρη = sugar	
πώς κι έτσι; = how come? how so?	πώς = how έτσι = so, thus

κάνω δίαιτα = I'm on a diet	η δίαιτα = diet
εξάλλου = *(adv.)* besides	
καθόλου = not at all	
υγιεινή = *(adj. fem.)* healthful	υγιεινός – υγιεινή – υγιεινό
σ' αυτό έχεις δίκιο = you're right about that	έχεις δίκιο = you are right έχω δίκιο = I am right
δεν κάνει καλό = it's not good (for you) *(lit.: it doesn't do good)*	δεν κάνει καλό στην υγεία = it is not healthful *(lit. it isn't good for one's health)*
να την κόψω = to give it up	**να κόψω**: inst. subj. of **κόβω**

ΓΡΑΜΜΑΤΙΚΗ – GRAMMAR

Ας κλίνουμε μερικά από τα ρήματα του διαλόγου. – Let's conjugate some of the verbs found in the dialogue.

Ενεστώτας - Simple present

εγώ	**πίνω**
εσύ	πίνεις
αυτός	πίνει
εμείς	πίνουμε
εσείς	πίνετε
αυτοί	πίνουν / πίνουνε*

In the dialogue we have **έχω κόψει** (present perfect of **κόβω**) and **να κόψω** (instantaneous subjunctive of **κόβω**). Let's conjugate this verb:

	Ενεστώτας *Simple present*	*Παρακείμενος* *Present perfect*	*Στιγμιαίος μέλλοντας* *Inst. future*	*Στιγμιαία υποτακτική* *Inst. subjunctive*
εγώ	**κόβω**	**έχω κόψει**	**θα κόψω**	**να κόψω**
εσύ	κόβεις	έχεις κόψει	θα κόψεις	να κόψεις
αυτός	κόβει	έχει κόψει	θα κόψει	να κόψει
εμείς	κόβουμε	έχουμε κόψει	θα κόψουμε	να κόψουμε
εσείς	κόβετε	έχετε κόψει	θα κόψετε	να κόψετε
αυτοί	κόβουν / κόβουνε*	έχουν κόψει / έχουνε κόψει*	θα κόψουν / θα κόψουνε*	να κόψουν / να κόψουνε*

informal

Τώρα ας κλίνουμε μερικά από τα ουσιαστικά του διαλόγου. – Now let's decline some of the nouns found in the dialogue.

Singular

Nom.	**το γάλα**	**ο καφές**
Gen.	του γάλατος / γάλακτος	του καφέ
Acc.	το γάλα	τον καφέ
Voc.	γάλα	καφέ

Plural

Nom.	τα γάλατα	οι καφέδες
Gen.	των γαλάτων *(not common)*	των καφέδων
Acc.	τα γάλατα	τους καφέδες
Voc.	γάλατα	καφέδες

το φραπέ is not declined because it is a loan word (from the French "frappé").

In many parts of Greece, particularly in the north, you will hear "**ο φραπές**", which is the same loan word adapted to a Greek declension, following **ο καφές**. So in the plural it would be **οι φραπέδες, των φραπέδων...** (like **οι καφέδες – των καφέδων**).

We also say **το φραπεδάκι**, an affectionate form of **το φραπέ**. And since -*άκι* is a Greek ending, in the plural it becomes **τα φραπεδάκια** (just like **το παιδάκι – τα παιδάκια, το σπιτάκι – τα σπιτάκια, το καφεδάκι – τα καφεδάκια**).

ΑΣΚΗΣΕΙΣ – EXERCISES

Α. Αντιστοίχισε κάθε ερώτηση με τη σωστή απάντηση. – Match each question to the right answer.

1. Τι πίνεις; Με ζάχαρη και γάλα.

2. Τι θα πάρετε, παρακαλώ; Όχι, καθόλου.

3. Πώς πίνεις τον καφέ σου; Πίνω καφέ.

4. Γιατί δεν τρως ζάχαρη; Γιατί κάνω δίαιτα.

5. Η ζάχαρη είναι υγιεινή; Ένα φραπέ και μία τυρόπιτα.
   cheese pie

B. Βάλε τις λέξεις στη σωστή σειρά για να φτιάξεις προτάσεις. – Put the words in the right order to make sentences.

1. από – Κάνω – χτες – δίαιτα
   yesterday

   _____

2. δεν – υγιεινή – Η – είναι – ζάχαρη

   _____

3. φρούτα – στην – καλό – Τα – κάνουν – υγεία

   _____

4. έχει – καφέ – Ο – τον – κόψει – Κώστας

   _____

C. Βάλε τα ρήματα στο σωστό πρόσωπο. – Put the verbs in the right person.

1. Τι θα _____ , παρακαλώ; *(παίρνω)*

2. Τι _____ , Ελένη; *(πίνω)*

3. Τι _____ , κύριε Γιώργο; *(πίνω)*

4. Από σήμερα η μαμά _____ τη ζάχαρη. *(κόβω)*

5. Τα φρούτα _____ υγιεινά. *(είμαι)*

6. Ο πελάτης _____ πάντα δίκιο. *(έχω)*
   customer   [The customer is always right.]

7. Η Άννα και η Κατερίνα _____ δίαιτα. *(κάνω)*

8. Ο καφές μου δεν _____ καθόλου ζάχαρη. *(έχω)*

D. Βάλε τις φράσεις στη γενική. – Put the phrases in the genitive.

1. ο ελληνικός καφές

   _____

2. η περασμένη εβδομάδα

   _____

3. το υγιεινό φαγητό

   _____

4. η άσπρη ζάχαρη

   _____

5. η ωραία καφετέρια

   _____

E. Βάλε τις φράσεις στον πληθυντικό. – Put the phrases in the plural.

1. ο σκέτος καφές

   _____

2. η δύσκολη δίαιτα
   difficult

   _____

3. ο καλός πελάτης

   _____

4. η μεγάλη καφετέρια

   _____

5. το γλυκό φραπεδάκι

   _____

ΛΥΣΕΙΣ ΤΩΝ ΑΣΚΗΣΕΩΝ – ANSWERS TO THE EXERCISES

A. 1. Τι πίνεις; - Πίνω καφέ.
    2. Τι θα πάρετε, παρακαλώ; - Ένα φραπέ και μία τυρόπιτα.
    3. Πώς πίνεις τον καφέ σου; - Με ζάχαρη και γάλα.
    4. Γιατί δεν τρως ζάχαρη; - Γιατί κάνω δίαιτα.
    5. Η ζάχαρη είναι υγιεινή; - Όχι, καθόλου.

B. 1. Κάνω δίαιτα από χτες.
    2. Η ζάχαρη δεν είναι υγιεινή.
    3. Τα φρούτα κάνουν καλό στην υγεία.
    4. Ο Κώστας έχει κόψει τον καφέ.

C. 1. πάρετε   5. είναι
    2. πίνεις   6. έχει
    3. πίνετε   7. κάνουν
    4. κόβει   8. έχει

D. 1. του ελληνικού καφέ
    2. της περασμένης εβδομάδας
    3. του υγιεινού φαγητού
    4. της άσπρης ζάχαρης
    5. της ωραίας καφετέριας

E. 1. οι σκέτοι καφέδες
    2. οι δύσκολες δίαιτες
    3. οι καλοί πελάτες
    4. οι μεγάλες καφετέριες
    5. τα γλυκά φραπεδάκια

12. Τα γενέθλια – Birthday

Στέφανος: Μαμά, μεθαύριο έχω γενέθλια.

Μαμά: Το ξέρω.

Στέφανος: Ναι, απλώς σου το θυμίζω.

Μαμά: Δε χρειάζεται. Το θυμάμαι. Εγώ σε γέννησα!

Στέφανος: Τι δώρο θα μου πάρεις;

Μαμά: Είναι έκπληξη.

Στέφανος: Είναι κάτι μεγάλο ή μικρό;

Μαμά: Μικρό.

Στέφανος: Μαλακό ή σκληρό;

Μαμά: Ούτε μαλακό ούτε σκληρό.

Στέφανος: Τι χρώμα είναι;

Μαμά: Σταμάτα τις ερωτήσεις. Είναι έκπληξη!

Στέφανος: Καλά. Θα πάρουμε τούρτα;

Μαμά: Φυσικά! Φέτος θα σβήσεις δέκα κεράκια!

Στέφανος: Τέλεια! Ανυπομονώ!

Μαμά: Κι εγώ.

ΛΕΞΙΛΟΓΙΟ – VOCABULARY

μεθαύριο = the day after tomorrow	*from* μετά (after) + αύριο (tomorrow)
απλώς = *(adv.)* simply	
σου το θυμίζω = I am reminding you (of) it	v. θυμίζω = to remind
δε χρειάζεται = it is not necessary, it is not needed	v. χρειάζομαι = to need
θυμάμαι = to remember	
γέννησα = I gave birth	v. γεννάω / γεννώ = to give birth
το δώρο = gift	
η έκπληξη = surprise	
μικρό – *(adj. neut.)* small	μικρός – μικρή – μικρό μικροί – μικρές – μικρά
μαλακό = *(adj. neut.)* soft	μαλακός – μαλακή – μαλακό μαλακοί – μαλακές – μαλακά
σκληρό = *(adj. neut.)* hard *also, for a person:* tough, mean	σκληρός – σκληρή – σκληρό σκληροί – σκληρές – σκληρά
ούτε μαλακό ούτε σκληρό = neither soft nor hard	ούτε ... ούτε ... = neither... nor...
τι χρώμα είναι; = what color is it?	το χρώμα = color
σταμάτα = *(inst. imperative)* stop	v. σταματάω / σταματώ = to stop σταμάτα: *singular inst. imperative (when addressed to one person)* σταματήστε: *plural inst. imperative (when addressed to more than one person)*
τις ερωτήσεις = *(acc. pl.)* the questions	οι ερωτήσεις = *(nom. pl.)* questions η ερώτηση = *(nom. sing.)* question
η τούρτα = cake	
φέτος = *(adv.)* this year	

θα σβήσεις = you will blow (out)	**θα σβήσεις**:inst. future of **σβήνεις** v. σβήνω = to blow out, put out, erase, turn off (the light)
τα κεράκια = little candles	το κεράκι = little candle, cake candle το κερί = candle
τέλεια = *(adv.)* perfect	
ανυπομονώ = I can't wait	η υπομονή = patience η ανυπομονησία = impatience

ΓΡΑΜΜΑΤΙΚΗ – GRAMMAR

Ας κλίνουμε μερικά από τα ρήματα του διαλόγου. – Let's conjugate some of the verbs found in the dialogue.

Ενεστώτας
Simple present

εγώ	**ανυπομονώ**	**θυμίζω**	**σταματάω / σταματώ**
εσύ	ανυπομονείς	θυμίζεις	σταματάς
αυτός	ανυπομονεί	θυμίζει	σταματάει / σταματά
εμείς	ανυπομονούμε	θυμίζουμε	σταματάμε / σταματούμε
εσείς	ανυπομονείτε	θυμίζετε	σταματάτε
αυτοί	ανυπομονούν / ανυπομονούνε*	θυμίζουν / θυμίζουνε*	σταματάνε / σταματούν / σταματούνε*

εγώ	**χρειάζομαι** *(passive voice)*
εσύ	χρειάζεσαι
αυτός	χρειάζεται
εμείς	χρειαζόμαστε
εσείς	χρειάζεστε / χρειαζόσαστε*
αυτοί	χρειάζονται

* *informal*

In the text we saw **θα σβήσω**, which is the instantaneous future of **σβήνω** (to blow out, erase, put out), and **γέννησα**, which is the instantaneous past of **γεννάω / γεννώ** (to give birth). Let's conjugate these two verbs.

	Ενεστώτας _Simple present_	_Instantaneous Future_ _Στιγμιαίος μέλλοντας_
εγώ	σβήνω	**θα σβήσω**
εσύ	σβήνεις	θα σβήσεις
αυτός	σβήνει	θα σβήσει
εμείς	σβήνουμε	θα σβήσουμε
εσείς	σβήνετε	θα σβήσετε
αυτοί	σβήνουν / σβήνουνε*	θα σβήσουν / θα σβήσουνε*

	Ενεστώτας _Simple present_	_Instantaneous Past_ _Αόριστος_
εγώ	γεννάω / γεννώ	**γέννησα**
εσύ	γεννάς	γέννησες
αυτός	γεννάει / γεννά	γέννησε
εμείς	γεννάμε / γεννούμε	γεννήσαμε
εσείς	γεννάτε	γεννήσατε
αυτοί	γεννάνε / γεννούν / γεννούνε*	γέννησαν / γεννήσανε*

informal

Τώρα ας κλίνουμε μερικά από τα ουσιαστικά του διαλόγου. – Now let's decline some of the nouns found in the dialogue.

	Singular		
Nom.	-	**το δώρο**	**η έκπληξη**
Gen.	-	του δώρου	της έκπληξης
Acc.	-	το δώρο	την έκπληξη
Voc.	-	δώρο	έκπληξη
	Plural		
Nom.	**τα γενέθλια**	τα δώρα	οι εκπλήξεις
Gen.	των γενεθλίων	των δώρων	των εκπλήξεων
Acc.	τα γενέθλια	τα δώρα	τις εκπλήξεις
Voc.	γενέθλια	δώρα	εκπλήξεις

	Singular		
Nom.	η ερώτηση	η τούρτα	το χρώμα
Gen.	της ερώτησης	της τούρτας	του χρώματος
Acc.	την ερώτηση	την τούρτα	το χρώμα
Voc.	ερώτηση	τούρτα	χρώμα
	Plural		
Nom.	οι ερωτήσεις	οι τούρτες	τα χρώματα
Gen.	των ερωτήσεων	των τουρτών	των χρωμάτων
Acc.	τις ερωτήσεις	τις τούρτες	τα χρώματα
Voc.	ερωτήσεις	τούρτες	χρώματα

ΑΣΚΗΣΕΙΣ – EXERCISES

Α. Αντιστοίχισε κάθε ερώτηση με τη σωστή απάντηση. – Match each question to the right answer.

1. Πότε έχει γενέθλια ο Νίκος;   Είναι άσπρο.

2. Τι δώρο θα μου πάρεις στα γενέθλιά μου;   Δε σου λέω, είναι έκπληξη.

3. Τι χρώμα είναι το πιάνο;   Δεκατρία.

4. Παιδιά, τι τρώτε;   Αύριο.

5. Πόσα κεράκια θα σβήσεις φέτος;   Τα γενέθλια του Στέφανου.

6. Τι είναι μεθαύριο;   Τούρτα.

B. Σχημάτισε το υποκοριστικό των παρακάτω ουσιαστικών αλλάζοντας την κατάληξη σε -άκι. – Form the diminutive of the following words by changing the ending to -άκι.

e.g.	το κερί	→	το κεράκι
1.	το σπίτι	→	_____
2.	το δώρο	→	_____
3.	το παιδί	→	_____
4.	το σκυλί	→	_____
5.	το χαρτί	→	_____
6.	το παντελόνι	→	_____
7.	το πιάνο	→	_____
8.	το χέρι	→	_____

Note that *-άκι* is a very common ending for the diminutive of neuter nouns, but there are other endings. For example:

το βιβλίο – το βιβλιαράκι
το μήλο – το μηλαράκι
το πόδι – το ποδαράκι
το πρόβλημα – το προβληματάκι
το χρώμα – το χρωματάκι
το σώμα – το σωματάκι

Feminine and masculine nouns have different endings in their diminutive forms:

η γάτα – η γατούλα
η μάνα – η μανούλα
η βροχή – η βροχούλα
η μπάλα – η μπαλίτσα, το μπαλάκι
η αγελάδα – η αγελαδίτσα
η σταγόνα – η σταγονίτσα
ο σκύλος – ο σκυλάκος
ο μπαμπάς – ο μπαμπάκας
ο Κώστας – ο Κωστάκης
ο Νίκος – ο Νικολάκης
ο παππούς – ο παππούλης

C. Απάντησε στις ερωτήσεις όπως στο παράδειγμα. – Answer the questions as in the example.

e.g. Τι πίνεις, καφέ ή χυμό;

Δεν πίνω ούτε καφέ ούτε χυμό.
(or simply: Ούτε καφέ ούτε χυμό.)

1. Τι χρώμα είναι η γάτα, άσπρη ή μαύρη;
   _____

2. Θέλεις σαλάτα ή τούρτα;
   _____

3. Το σπίτι σου είναι μεγάλο ή μικρό;
   _____

4. Αυτό το βιβλίο είναι καλό ή κακό;
   _____

5. Πόσα κεράκια θα σβήσει η Νατάσα, δεκατέσσερα ή δεκαπέντε;
   _____

D. Βάλε τα ρήματα στο σωστό πρόσωπο. – Put the verbs in the right person.

1. Μαρία, τι σου _____ αυτό το τραγούδι; *(θυμίζω)*

2. Αποστόλη, δε _____ ποτέ τα γενέθλιά μου. *(θυμάμαι)*

3. Αυτά τα άσπρα σπιτάκια μού _____ τη Σαντορίνη. *(θυμίζω)*

4. Τα αυτοκίνητα _____ στο κόκκινο φανάρι. *(σταματάω / σταματώ)*

5. Ο Γιάννης και η Δανάη _____ να πάνε διακοπές. *(ανυπομονώ)*

6. Μανώλη, γιατί _____ το φώς; *(σβήνω)*

7. Πηγαίνουμε στο μανάβικο γιατί _____ φρούτα και λαχανικά. *(χρειάζομαι)*
   vegetables

8. Μαρίνα, _____ βοήθεια; *(χρειάζομαι)*
   help

ΛΥΣΕΙΣ ΤΩΝ ΑΣΚΗΣΕΩΝ – ANSWERS TO THE EXERCISES

A.
1. Πότε έχει γενέθλια ο Νίκος; - Αύριο.
2. Τι δώρο θα μου πάρεις στα γενέθλιά μου; - Δε σου λέω, είναι έκπληξη.
3. Τι χρώμα είναι το πιάνο; - Είναι άσπρο.
4. Παιδιά, τι τρώτε; - Τούρτα.
5. Πόσα κεράκια θα σβήσεις φέτος; - Δεκατρία.
6. Τι είναι μεθαύριο; - Τα γενέθλια του Στέφανου.

B.
1. το σπιτάκι
2. το δωράκι
3. το παιδάκι
4. το σκυλάκι
5. το χαρτάκι
6. το παντελονάκι
7. το πιανάκι
8. το χεράκι

C.
1. Δεν είναι ούτε άσπρη ούτε μαύρη. / Ούτε άσπρη ούτε μαύρη.
2. Δε θέλω ούτε σαλάτα ούτε τούρτα. / Ούτε σαλάτα ούτε τούρτα.
3. Δεν είναι ούτε μεγάλο ούτε μικρό. / Ούτε μεγάλο ούτε μικρό.
4. Δεν είναι ούτε καλό ούτε κακό. / Ούτε καλό ούτε κακό.
5. Δε θα σβήσει ούτε δεκατέσσερα ούτε δεκαπέντε. / Ούτε δεκατέσσερα ούτε δεκαπέντε.

D.
1. θυμίζει
2. θυμάσαι
3. θυμίζουν
4. σταματάνε / σταματούν
5. ανυπομονούν(ε)
6. σβήνεις
7. χρειαζόμαστε
8. χρειάζεσαι

13. Στομαχόπονος – Stomachache

Νίκος: Άννα, πονάει το στομάχι μου.

Άννα: Γιατί; Τι έφαγες;

Νίκος: Το σπανακόριζο που έφτιαξες.

Άννα: Μα κι εγώ σπανακόριζο έφαγα. Αισθάνομαι μια χαρά.

Νίκος: Έβαλες πολύ λεμόνι.

Άννα: Πάντα τόσο λεμόνι βάζω. Δεν έφαγες τίποτε άλλο;

Νίκος: Όχι, μόνο τρεις φετούλες ψωμί. Και φέτα, φυσικά. Πάει τέλεια με το σπανακόριζο.

Άννα: Μόνο αυτά έφαγες;

Νίκος: Ναι. Και μια πάστα.

Άννα: Α, και πάστα!

Νίκος: Μετά ήπια λίγη πορτοκαλάδα γιατί διψούσα.

Άννα: Πόσο λίγη;

Νίκος: Πολύ λίγη. Δυο ποτήρια.

Άννα: Τίποτε άλλο;

Νίκος: Όχι, τίποτα. Μόνο λίγο καρπουζάκι. Δεν μπορώ να αντισταθώ στο καρπούζι!

Άννα: Έφαγες, λοιπόν, όλα αυτά, αλλά λες ότι σε πείραξε το λεμόνι που έβαλα στο φαγητό!

Νίκος: Ναι, με πειράζει το πολύ λεμόνι. Αυτό φταίει, είμαι σίγουρος.

ΛΕΞΙΛΟΓΙΟ – VOCABULARY

ο στομαχόπονος = stomach ache	*from* το στομάχι (stomach) + ο πόνος (ache, pain)
πονάει = hurts	v. πονάω / πονώ = to hurt
έφαγες = you ate	**έφαγες** is the instantaneous (simple) past of **τρως** (you eat, you are eating) v. τρώω = to eat
το σπανακόριζο = spinach-rice dish	typical Greek dish with spinach & rice, usually served with lemon
σπανακόριζο έφαγα = I ate spinach-rice	In **σπανακόριζο έφαγα** the emphasis is on **σπανακόριζο**, as opposed to the simple/non-emphatic statement **έφαγα σπανακόριζο** (similar to "spinach-rice is what I ate" as opposed to "I ate spinach-rice")
αισθάνομαι = I feel	
μια χαρά = fine	
έβαλες = *(simple past)* you put	**έβαλες**: instantaneous (simple) past of **βάζεις** (you put, you are putting) v. βάζω = to put
το λεμόνι = lemon	
τόσο = this much	
τίποτε = nothing	*also:* τίποτα
μόνο = only	
τρεις = *(fem.)* three	τρεις – τρεις – τρία
οι φετούλες = little slices	**οι φετούλες** is the diminutive of **οι φέτες** (slices) η φέτα = slice η φετούλα = little slice
το ψωμί = bread	

η φέτα = feta cheese	**η φέτα** is a slice and also feta cheese. We figure out which one it is from the context. You may also see "τυρί φέτα" referring to the cheese.
πάει τέλεια με… = it goes perfectly well with..	
η πάστα = a slice of cream cake	
μετά = afterwards	
ήπια = I drank	**ήπια** is the inst. past of **πίνω** (I drink))
λίγη πορτοκαλάδα = a little bit of orange juice	λίγος – λίγη – λίγο λίγοι – λίγες – λίγα
διψούσα = I was thirsty	**διψούσα** is the continuous past of **διψάω / διψώ** (I am thirsty)
πολύ λίγη = *(fem.)* a very small amount	**πολύ λίγος – πολύ λίγη – πολύ λίγο** is similar to **πολύ μικρή ποσότητα** (which word-for-word means "very small amount")
δύο ποτήρια = two glasses, two cups	το ποτήρι = glass, tumbler, cup
τίποτε άλλο; = nothing else?	From the context we know that the emphasis is on "τίποτε", so this means "nothing else" (just like in English, the emphasis is on "nothing"). If the emphasis were on "άλλο", then it would mean "anything else?" [e.g. a waiter may ask a customer "τίποτε άλλο;" with the emphasis on "άλλο", meaning "(would you like) anything else?"]
το καρπουζάκι = *diminutive of* το καρπούζι (watermelon)	
να αντισταθώ = to resist	**να αντισταθώ** is the inst. subjunctive of **αντιστέκομαι** (I resist)
δεν μπορώ να αντισταθώ = I can't resist	
λοιπόν = so	

όλα αυτά = all this, all these things	όλος – όλη – όλο όλοι – όλες – όλα = all **όλος – όλη – όλο** can also mean "entire, whole", similar to **ολόκληρος – ολόκληρη – ολόκληρο** *e.g.* έφαγα όλη την τούρτα / έφαγα ολόκληρη την τούρτα (I ate all of the pie)
σε πείραξε = it bothered you, it hurt your stomach	**πείραξε** is the inst. past of **πειράζει** (it bothers) v. πειράζω
με πειράζει = it bothers me, it hurts my stomach	We learned **δεν πειράζει** (it doesn't matter) and **πειράζει** (it does matter) in chapter 4. It literally means "it doesn't bother (anybody)". **Πειράζω** means **to bother, to tease, to annoy**. When talking about food, it means "it bothers my stomach/my body". We can also say "με πειράζει στο στομάχι" (it bothers me in the stomach).
φταίει = is at fault, is to blame	φταίω = to be at fault, to be to blame φταίω για κάτι = to be responsible for something αυτό φταίει = that's what is to blame, that's what is responsible
σίγουρος = *(adj. masc.)* sure, certain	σίγουρος – σίγουρη – σίγουρο σίγουροι – σίγουρες – σίγουρα

ΓΡΑΜΜΑΤΙΚΗ – GRAMMAR

Ας κλίνουμε μερικά από τα ρήματα του διαλόγου. – Let's conjugate some of the verbs found in the dialogue.

Ενεστώτας - Simple present

εγώ	**διψάω / διψώ**	**μπορώ**	**φταίω**
εσύ	διψάς	μπορείς	φταις
αυτός	διψάει / διψά	μπορεί	φταίει
εμείς	διψάμε / διψούμε	μπορούμε	φταίμε
εσείς	διψάτε	μπορείτε	φταίτε
αυτοί	διψάνε / διψούν / διψούνε*	μπορούν / μπορούνε*	φταίνε

In addition to the verbs in the present tense, we saw **να αντισταθώ** (inst. subjunctive of **αντιστέκομαι** – to resist), **έφαγα** (inst. past of **τρώω** – to eat), **ήπια** (inst. past of **πίνω** – to drink), and **διψούσα** (continuous past of **διψάω / διψώ** – to be thirsty). Let's conjugate these verbs:

	Ενεστώτας *Simple present*	*Στιγμιαίος μέλλοντας* *Inst. future*	*Στιγμιαία υποτακτική* *Inst. subjunctive*
εγώ	αντιστέκομαι (passive voice)	θα αντισταθώ	να αντισταθώ
εσύ	αντιστέκεσαι	θα αντισταθείς	να αντισταθείς
αυτός	αντιστέκεται	θα αντισταθεί	να αντισταθεί
εμείς	αντιστεκόμαστε	θα αντισταθούμε	να αντισταθούμε
εσείς	αντιστέκεστε / αντιστεκόσαστε*	θα αντισταθείτε	να αντισταθείτε
αυτοί	αντιστέκονται	θα αντισταθούν / θα αντισταθούνε*	να αντισταθούν / να αντισταθούνε*

* informal

	Ενεστώτας _Simple present_	_Αόριστος_ _Simple (inst.) past_
εγώ	**τρώω**	**έφαγα**
εσύ	τρως	έφαγες
αυτός	τρώει	έφαγε
εμείς	τρώμε	φάγαμε
εσείς	τρώτε	φάγατε
αυτοί	τρώνε	έφαγαν / φάγανε*

	Ενεστώτας _Simple present_	_Αόριστος_ _Simple (inst.) past_
εγώ	**πίνω**	**ήπια**
εσύ	πίνεις	ήπιες
αυτός	πίνει	ήπιε
εμείς	πίνουμε	ήπιαμε
εσείς	πίνετε	ήπιατε
αυτοί	πίνουν / πίνουνε*	ήπιαν / ήπιανε*

	Ενεστώτας _Simple present_	_Παρατατικός_ _Continuous past_
εγώ	**διψάω / διψώ**	**διψούσα**
εσύ	διψάς	διψούσες
αυτός	διψάει / διψά	διψούσε
εμείς	διψάμε / διψούμε	διψούσαμε
εσείς	διψάτε	διψούσατε
αυτοί	διψάνε / διψούν / διψούνε*	διψούσαν / διψούσανε*

* _informal_

ΑΣΚΗΣΕΙΣ – EXERCISES

Α. Αντιστοίχισε κάθε ερώτηση με τη σωστή απάντηση. – Match each question to the right answer.

1. Τι έφαγαν ο Νίκος και η Άννα;   Μια χαρά.

2. Πώς αισθάνεται η Άννα;   Πονάει το στομάχι του.

3. Πώς αισθάνεται ο Νίκος;   Όχι, καθόλου.

4. Η φέτα πάει με το σπανακόριζο;   Μόνο μία.

5. Η σοκολάτα πάει με το σπανακόριζο;   Έφαγαν σπανακόριζο.

6. Γιατί ήπιατε πορτοκαλάδα;   Τέσσερα ποτήρια.

7. Πόσες πάστες έφαγες;   Ναι, πάει τέλεια.

8. Πόσο νερό ήπιες;   Γιατί διψούσαμε.

B. Βάλε τα ουσιαστικά στον πληθυντικό. – Put the nouns in the plural.

1. το στομάχι → _____

2. το λεμόνι → _____

3. η φέτα → _____

4. το ψωμί → _____

5. η πάστα → _____

6. η πορτοκαλάδα → _____

7. το ποτήρι → _____

8. το καρπούζι → _____

9. το φαγητό → _____

10. ο πόνος → _____

C. Σε καθεμία από τις παρακάτω προτάσεις, υπάρχει ένα λάθος. Βρες το και ξαναγράψε σωστά τις προτάσεις. – In each of the following sentences there is an error. Find it and rewrite the sentences correctly.

1. Πονάνε το κεφάλι μου.
   head
   _____

2. Σήμερα η μαμά έφτιαξα σπανακόριζο.
   _____

3. Έφαγα δύο πάστα και λίγο καρπούζι.
   _____

4. Δεν μπορούμε να αντισταθώ στο ψωμί.
   _____

5. Με πειράζει το πολύ λεμόνια στο φαγητό.
   _____

D. Συμπλήρωσε τις προτάσεις βάζοντας τα ρήματα στο σωστό πρόσωπο. – Complete the sentences by putting the verbs in the right person.

1. _____ το στομάχι μου. *(πονάω / πονώ)*

2. Τι _____ , Ανδρέα; *(τρώω)*

3. Η Αλεξάνδρα δεν _____ ποτέ καφέ. *(πίνω)*
   never

4. Δεν _____ να αντισταθούμε στο παγωτό. *(μπορώ)*
   ice cream

5. Με _____ η πολλή ζάχαρη. *(πειράζω)*

6. Σε _____ τα τυριά; *(πειράζω)*

7. Η φέτα και το ψωμί _____ τέλεια με το σπανακόριζο. *(πηγαίνω / πάω)*

8. Το άσπρο πουκάμισο _____ πολύ με το μαύρο παντελόνι. *(πηγαίνω / πάω)*

9. Ο Τάσος και η Ασπασία _____ νερό γιατί _____. *(πίνω, διψάω / διψώ)*

10. Δεν _____ το λεμόνι, εσύ _____ επειδή έφαγες πολύ. *(φταίω [use it twice])*
    you ate a lot

ΛΥΣΕΙΣ ΤΩΝ ΑΣΚΗΣΕΩΝ – ANSWERS TO THE EXERCISES

A. 1. Τι έφαγαν ο Νίκος και η Άννα; - Έφαγαν σπανακόριζο.
    2. Πώς αισθάνεται η Άννα; - Μια χαρά.
    3. Πώς αισθάνεται ο Νίκος; - Πονάει το στομάχι του.
    4. Η φέτα πάει με το σπανακόριζο; - Ναι, πάει τέλεια.
    5. Η σοκολάτα πάει με το σπανακόριζο; - Όχι, καθόλου.
    6. Γιατί ήπιατε πορτοκαλάδα; - Γιατί διψούσαμε.
    7. Πόσες πάστες έφαγες; - Μόνο μία.
    8. Πόσο νερό ήπιες; - Τέσσερα ποτήρια.

B. 1. τα στομάχια   6. οι πορτοκαλάδες
    2. τα λεμόνια   7. τα ποτήρια
    3. οι φέτες   8. τα καρπούζια
    4. τα ψωμιά   9. τα φαγητά
    5. οι πάστες   10. οι πόνοι

C. 1. Πονάνε → Πονάει
    2. έφτιαξα → έφτιαξε
    3. πάστα → πάστες
    4. μπορούμε-αντισταθώ → μπορώ – αντισταθώ /
                              μπορούμε - αντισταθούμε
    5. λεμόνια → λεμόνι

D. 1. Πονάει   6. πειράζουν
    2. τρως   7. πηγαίνουν / πάνε
    3. πίνει   8. πηγαίνει / πάει
    4. μπορούμε   9. πίνουν(ε), διψάνε / διψούν(ε)
    5. πειράζει   10. φταίει, φταις

14. Κουνούπια – Mosquitoes

Φωτεινή: Αλέξη, κλείσε το παράθυρο. Μπαίνουν κουνούπια.

Αλέξης: Μα κάνει πολλή ζέστη.

Φωτεινή: Προτιμάω τη ζέστη από τα κουνούπια!

Αλέξης: Εγώ προτιμώ τα κουνούπια.

Φωτεινή: Σοβαρά μιλάς;

Αλέξης: Ναι. Δεν αντέχω, θα σκάσω!

Φωτεινή: Υπερβάλλεις.

Αλέξης: Δεν υπερβάλλω καθόλου. Εσύ υπερβάλλεις. Βλέπεις κανένα κουνούπι;

Φωτεινή: Βλέπω τρία στον τοίχο, ένα στο ταβάνι, κι ένα κάνει βόλτες γύρω από το κεφάλι μου! Το ακούω: ζζζζζ...

Αλέξης: Εγώ ούτε βλέπω ούτε ακούω κουνούπια. Στη φαντασία σου είναι. Αχ! Γιατί με χαστουκίζεις;

Φωτεινή: Είχες ένα κουνούπι στο μάγουλό σου.

ΛΕΞΙΛΟΓΙΟ – VOCABULARY

κλείσε = *(inst. imperative)* close	κλείσε *(singular)* – κλείστε *(plural)* v. κλείνω = to close
το παράθυρο = window	
μπαίνουν = they come in	v. μπαίνω = to enter, get in, come in
τα κουνούπια = mosquitoes	το κουνούπι = mosquito
κάνει πολλή ζέστη = it (the weather) is very hot	πολλή ζέστη = very hot *(lit.: a lot of heat)*
σοβαρά μιλάς; = are you serious? *(lit.: are you talking seriously?)*	μιλάω / μιλώ = to talk, to speak
δεν αντέχω = I can't take it	v. αντέχω = to endure, to tolerate δεν αντέχω άλλο = δεν αντέχω πια = I can't take it anymore
θα σκάσω = I will burst	σκάω = to burst, explode, suffocate, be extremely hot *also:* σκάζω
υπερβάλλεις = you're exaggerating, you exaggerate	v. υπερβάλλω = to exaggerate
κανένα = any, none (depending on context)	βλέπεις κανένα κουνούπι; = do you see any mosquitoes? κανένας – καμία / καμιά – κανένα
στον τοίχο = on the wall τον τοίχο = *(acc.)* the wall	*(nom.)* ο τοίχος
το ταβάνι = ceiling	
γύρω από (κάτι) = around (something)	γύρω = around γύρω γύρω = round and round
το κεφάλι = head	
ακούω = to hear, to listen	
η φαντασία = imagination	στη φαντασία σου είναι = it's in your imagination (*the emphasis is on "φαντασία". This syntax is a little more emphatic than "είναι στη φαντασία σου".*)

χαστουκίζεις = you are slapping / you slap	v. χαστουκίζω = to slap
	το χαστούκι = slap
είχες = you had	**είχες** is the continuous past of **έχεις**
	v. έχω
το μάγουλο = cheek	

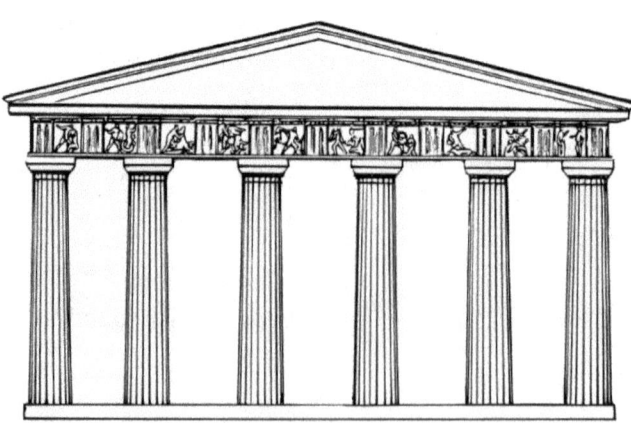

ΓΡΑΜΜΑΤΙΚΗ – GRAMMAR

Ας κλίνουμε μερικά από τα ρήματα του διαλόγου. – Let's conjugate some of the verbs found in the dialogue.

Ενεστώτας - Simple present

εγώ	**ακούω**	**αντέχω**	**μιλάω / μιλώ**
εσύ	ακούς	αντέχεις	μιλάς
αυτός	ακούει	αντέχει	μιλάει / μιλά
εμείς	ακούμε	αντέχουμε	μιλάμε / μιλούμε
εσείς	ακούτε	αντέχετε	μιλάτε
αυτοί	ακούν / ακούνε*	αντέχουν / αντέχουνε*	μιλάνε / μιλούν / μιλούνε*

εγώ	**μπαίνω**	**υπερβάλλω**
εσύ	μπαίνεις	υπερβάλλεις
αυτός	μπαίνει	υπερβάλλει
εμείς	μπαίνουμε	υπερβάλλουμε
εσείς	μπαίνετε	υπερβάλλετε
αυτοί	μπαίνουν / μπαίνουνε*	υπερβάλλουν / υπερβάλλουνε*

*informal

In addition to the verbs in the present tense, in this chapter we saw **είχα** (cont. past of **έχω**) and **θα σκάσω** (inst. future of **σκάω**). Let's conjugate these verbs:

	Ενεστώτας **Simple present**	*Παρατατικός* **Continuous past**
εγώ	**έχω**	**είχα**
εσύ	έχεις	είχες
αυτός	έχει	είχε
εμείς	έχουμε	είχαμε
εσείς	έχετε	είχατε
αυτοί	έχουν / έχουνε*	είχαν / είχανε*

	Ενεστώτας **Simple present**	*Στιγμιαίος μέλλοντας* **Instantaneous future**
εγώ	**σκάω / σκάζω**	**θα σκάσω**
εσύ	σκας / σκάζεις	θα σκάσεις
αυτός	σκάει / σκάζει	θα σκάσει
εμείς	σκάμε / σκάζουμε	θα σκάσουμε
εσείς	σκάτε / σκάζετε	θα σκάσετε
αυτοί	σκάνε / σκάζουν/ σκάζουνε*	θα σκάσουν / θα σκάσουνε*

* *informal*

ΑΣΚΗΣΕΙΣ – EXERCISES

A. Συμπλήρωσε τις προτάσεις με την αντωνυμία **κανένας – καμία – κανένα** ή το επίρρημα **καθόλου**. – Complete the sentences with the pronoun **κανένας – καμία – κανένα** or the adverb **καθόλου**.

<u>Remember</u>: **κανένας** means **none/any** and we use it for countable nouns (think *ένας – μία – ένα*). **Καθόλου** means **at all/ not at all**.

1. Δεν υπάρχει _____ κουνούπι στο ταβάνι.

2. Δεν ήπια _____ νερό.

3. Δεν κάνει _____ κρύο.
   _{cold}

4. - Προτιμάς το κρύο ή τη ζέστη;
   - _____ από τα δύο.

5. Φέτος δεν πήγαμε _____ διακοπές.

6. Η γιαγιά δεν ακούει _____ καλά. *(not well at all)*

7. Δεν βλέπω _____ ταινία στην τηλεόραση.
   _{film, movie   television}

8. Δε μου αρέσει _____ ο καφές.

B. Σε καθεμία από τις παρακάτω προτάσεις, υπάρχει ένα λάθος. Βρες το και ξαναγράψε σωστά τις προτάσεις. – In each of the following sentences there is an error. Find it and rewrite the sentences correctly.

1. Κλείστε το παράθυρο γιατί κάνουν ζέστη.
   _____

2. Βλέπεις καμία κουνούπι;
   _____

3. Το κουνούπι κάνετε βόλτες γύρω από το κεφάλι μου.
   _____

4. Ούτε βλέπω και ακούω κουνούπια!
   _____

5. Προτιμάω το ζέστη από τα κουνούπια.
   _____

6. Σήμερα δεν κάνει κανένα κρύο.
   _____

C. Αντιστοίχισε κάθε ερώτηση με τη σωστή απάντηση. – Match each question to the right answer.

1. Γιατί κλείνεις το παράθυρο;   Τέσσερα.

2. Υπερβάλλεις!   Από το παράθυρο.

3. Πόσα κουνούπια βλέπεις στον τοίχο;   Γιατί κάνει κρύο.

4. Για πόσες μέρες θα πάτε διακοπές;   Δεκατρείς.

5. Από πού μπαίνουν τα κουνούπια;   Στο ταβάνι.

6. Πού βλέπεις κουνούπια;   Δεν υπερβάλλω καθόλου.

D. Συμπλήρωσε τις προτάσεις βάζοντας τα ρήματα στο σωστό πρόσωπο. – Complete the sentences by putting the verbs in the right person.

1. Η Δέσποινα _____ την πόρτα. *(κλείνω)*

2. Εμείς _____ στο σπίτι. *(μπαίνω)*

3. Τι μουσική _____, Γιώργο; *(ακούω)*

4. Ποια ταινία _____, παιδιά; *(βλέπω)*

5. Έχει πολλή ζέστη! Δεν αντέχουμε, θα _____! *(σκάω)*

6. Τα παιδιά _____ το παιχνίδι από το μάθημα.
   (προτιμάω / προτιμώ)   playing   lesson, course
                                 (also: game, toy)

ΛΥΣΕΙΣ ΤΩΝ ΑΣΚΗΣΕΩΝ – ANSWERS TO THE EXERCISES

A. 1. κανένα
    2. καθόλου
    3. καθόλου
    4. Κανένα
    5. καθόλου
    6. καθόλου
    7. καμία
    8. καθόλου

B. 1. κάνουν → κάνει
    2. καμία → κανένα
    3. κάνετε → κάνει
    4. και → ούτε
    5. το → τη
    6. κανένα → καθόλου

C. 1. Γιατί κλείνεις το παράθυρο; - Γιατί κάνει κρύο.
    2. Υπερβάλλεις! - Δεν υπερβάλλω καθόλου.
    3. Πόσα κουνούπια βλέπεις στον τοίχο; - Τέσσερα.
    4. Για πόσες μέρες θα πάτε διακοπές; - Δεκατρείς.
    5. Από πού μπαίνουν κουνούπια; - Από το παράθυρο.
    6. Πού βλέπεις κουνούπια; - Στο ταβάνι.

D. 1. κλείνει
    2. μπαίνουμε
    3. ακούς
    4. βλέπετε
    5. σκάσουμε
    6. προτιμούν / προτιμάνε

15. Πάμε κρουαζιέρα – Let's go on a cruise

Αθηνά: Παναγιώτη, πάμε κρουαζιέρα στα νησιά;

Παναγιώτης: Πότε;

Αθηνά: Το Πάσχα ή το καλοκαίρι.

Παναγιώτης: Το Πάσχα πέφτει πολύ νωρίς φέτος. Θα έχει κρύο στα νησιά και στο πλοίο.

Αθηνά: Έχεις δίκιο. Καλύτερα το καλοκαίρι.

Παναγιώτης: Ναι όμως το καλοκαίρι θα είναι πιο ακριβά.

Αθηνά: Πολύ πιο ακριβά;

Παναγιώτης: Σίγουρα.

Αθηνά: Πότε θα είναι φτηνά;

Παναγιώτης: Μάλλον ποτέ.

Αθηνά: Άρα δε θα πάμε ποτέ κρουαζιέρα!

Παναγιώτης: Ας πάμε κάπου εδώ κοντά. Μπορούμε να κάνουμε Πάσχα στο χωριό. Το καλοκαίρι μπορούμε να πάμε στην Πελοπόννησο.

Αθηνά: Όπως κάθε χρόνο, δηλαδή! Τα ίδια και τα ίδια. Ξέρεις κάτι; Θα πάω κρουαζιέρα με τις φίλες μου!

ΛΕΞΙΛΟΓΙΟ – VOCABULARY

η κρουαζιέρα = cruise	
το Πάσχα = Easter	
πέφτει = it falls	v. πέφτω = to fall
νωρίς = *(adv.)* early	
θα έχει = it will have	θα έχει κρύο = it will be cold *(lit.* it will have cold) *syn.:* θα κάνει κρύο
το πλοίο = ship	
καλύτερα = *(adv.)* better	*syn.:* πιο καλά
ακριβά = *(adv.)* expensive(ly)	*(adj.)* ακριβός – ακριβή – ακριβό ακριβοί – ακριβές – ακριβά
σίγουρα = *(adv.)* certainly, definitely	
φτηνά = *(adv.)* cheap(ly)	
μάλλον = probably, rather	
ποτέ = *(adv.)* never	
άρα = *(adv.)* therefore, so	
ας πάμε = let's go	**ας** is used to suggest something
κάπου = *(adv.)* somewhere	*But remember: the expression "κάπου κάπου" means "every now and then", i.e. it has to do with time, not space.*
να κάνουμε Πάσχα = to spend Easter, to celebrate Easter	
το χωριό = village	
η Πελοπόννησος = Peloponnese	**την Πελοπόννησο** is accusative. Note that the ending is masculine but the word and its article are feminine.
όπως κάθε χρόνο = like every year	

δηλαδή = meaning, that is, i.e.	**δηλαδή** can be placed in the beginning, e.g. "Δηλαδή όπως κάθε χρόνο"
τα ίδια και τα ίδια = same old, same old	
ξέρεις κάτι; = you know something?, you know what?	
με τις φίλες μου = with my [female] friends	η φίλη = female friend οι φίλες = femal friends **τις φίλες** is plural accusative

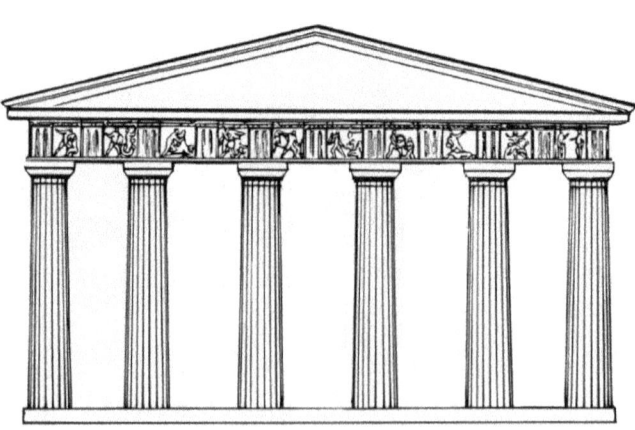

ΓΡΑΜΜΑΤΙΚΗ – GRAMMAR

We have already seen the verb **πάω / πηγαίνω** in chapter 8, in the simple present (**πάω / πηγαίνω**), the present perfect (**έχω πάει**) and the instantaneous future (**θα πάω**). In this chapter we have the form **ας πάμε** (let's go), where "**ας**" indicates a suggestion. The way to conjugate this form is similar to the future tense (θα πάω), where we simply replace *θα* with *ας*: *ας πάω, ας πας, ας πάει, ας πάμε, ας πάτε, ας πάνε.*

Ας κλίνουμε μερικά από τα ουσιαστικά του διαλόγου. – Let's decline some of the nouns found in the dialogue.

Singular

Nom.	**η κρουαζιέρα**	**η Πελοπόννησος**
Gen.	της κρουαζιέρας	της Πελοποννήσου
Acc.	την κρουαζιέρα	την Πελοπόννησο
Voc.	κρουαζιέρα	Πελοπόννησε / Πελοπόννησο

Plural

Nom.	οι κρουαζιέρες	-
Gen.	των κρουαζιερών *(not common)*	-
Acc.	τις κρουαζιέρες	-
Voc.	κρουαζιέρες	-

	Singular		
Nom.	**το πλοίο**	**η φίλη**	**ο φίλος**
Gen.	του πλοίου	της φίλης	του φίλου
Acc.	το πλοίο	τη φίλη	το(ν) φίλο
Voc.	πλοίο	φίλη	φίλε

	Plural		
Nom.	τα πλοία	οι φίλες	οι φίλοι
Gen.	των πλοίων	των φίλων	των φίλων
Acc.	τα πλοία	τις φίλες	τους φίλους
Voc.	πλοία	φίλες	φίλοι

ΑΣΚΗΣΕΙΣ – EXERCISES

Α. Αντιστοίχισε κάθε ερώτηση με τη σωστή απάντηση. – Match each question to the right answer.

1. Πού θα πάτε κρουαζιέρα;   Στο χωριό της.

2. Πέτρο, τι θα κάνεις στις διακοπές;   Θα κάνει κρύο.

3. Πού θα κάνει Πάσχα η Μαρία;   Στα νησιά.

4. Τι καιρό θα κάνει στα νησιά το Πάσχα; Στην Ελλάδα.

5. Πού είναι η Πελοπόννησος;   Θα πάω κρουαζιέρα.

B. Σε καθεμία από τις παρακάτω προτάσεις, υπάρχει ένα λάθος. Βρες το και ξαναγράψε σωστά τις προτάσεις. – In each of the following sentences there is an error. Find it and rewrite the sentences correctly.

1. Θα πάω κρουαζιέρα με ένα μεγάλα πλοίο.
   _____

2. Ο Νίκος και η Ελένη θα κάνετε Πάσχα στο χωριό.
   _____

3. Το καλοκαίρι θα πάμε στον Πελοπόννησο.
   _____

4. Η Βασιλική θα πάει κρουαζιέρα μόνοι της.
   _____

5. Το καλοκαίρι είναι πολλά πιο ακριβά στα νησιά.
   _____

6. Φέτος, το Πάσχα πέφτουμε πολύ νωρίς.
   _____

C. Βάλε τις λέξεις στον πληθυντικό. – Put the words in the plural.

1. το νησί → _____

2. η κρουαζιέρα → _____

3. το καλοκαίρι → _____

4. το πλοίο → _____

5. το χωριό → _____

6. η φίλη → _____

D. Βάλε τις λέξεις στη σωστή σειρά για να φτιάξεις προτάσεις. – Put the words in the right order to make sentences.

1. νησιά – πάω – στα – Θέλω – κρουαζιέρα – να

   _____

2. καλοκαίρι – στα – είναι – Το – νησιά – ακριβά

   _____

3. πολύ – πλοίο – στο – Έχει – κρύο

   _____

4. Πάσχα – θα – χωριό – κάνω – στο – Φέτος

   _____

5. Πελοπόννησο – να – διακοπές – Θέλω – στην – κάνω

   _____

ΛΥΣΕΙΣ ΤΩΝ ΑΣΚΗΣΕΩΝ – ANSWERS TO THE EXERCISES

A.
1. Πού θα πάτε κρουαζιέρα; - Στα νησιά.
2. Πέτρο, τι θα κάνεις στις διακοπές; - Θα πάω κρουαζιέρα.
3. Πού θα κάνει Πάσχα η Μαρία; - Στο χωριό της.
4. Τι καιρό θα κάνει στα νησιά το Πάσχα; - Θα κάνει κρύο.
5. Πού είναι η Πελοπόννησος; - Στην Ελλάδα.

B.
1. μεγάλα → μεγάλο
2. κάνετε → κάνουν
3. στον → στην
4. μόνοι → μόνη
5. πολλά → πολύ
6. πέφτουμε → πέφτει

C.
1. τα νησιά
2. οι κρουαζιέρες
3. τα καλοκαίρια
4. τα πλοία
5. τα χωριά
6. οι φίλες

D.
1. Θέλω να πάω κρουαζιέρα στα νησιά.
2. Το καλοκαίρι είναι ακριβά στα νησιά.
   (Other possible structures are:
   Είναι ακριβά στα νησιά το καλοκαίρι. /
   Είναι ακριβά το καλοκαίρι στα νησιά.
   but since the article "Το" is written with uppercase T, it goes in the beginning of the sentence.)
3. Έχει πολύ κρύο στο πλοίο.
4. Φέτος θα κάνω Πάσχα στο χωριό.
5. Θέλω να κάνω διακοπές στην Πελοπόννησο.

Τέλος!
Συγχαρητήρια!

Τα κατάφερες!